새벽을 여는 발자국

최진만 시집

도서출판 한국인

새벽을 여는 발자국

Footprints opening The Dawn

최진만 시집

서문

각 문예지에 발표한 시들을 모아 네 번째 시집을 펴내게 됐다. 하지만 결이 고르지 못한 시詩들이 설익어 입맛이 떫다. 나의 시는 곧바로 가지 못하고 에둘러 온 시다. 너덜너덜 헤지고 덧댄 낡은 청바지 같은 시다. 아님, 녹슨 배를 조선소에서 깡깡이로 녹을 벗기고, 구멍난 곳을 용접기로 때운 시다. 시를 쓰는 것은 일상에서 사물을 관찰하는 눈이 따로 있다. 시각 청각 미각까지도 일반인과 다른 감성을 지닐 때 시가 가능하다고 본다.

시의 소재는 도처에 널려있지만, 무관심할 때는 발견하기가 쉽지 않다. 시인이 시의 소재를 느끼는 그 형태와 모양에 따라 시의 이미지는 천태만상일 수도 있다. 하여 시의 유형도 사물 시와 이미지 시로 압축할 수 있고, 오늘날 시는 더욱 다양하고 세분된 듯하다.

나는 개인적으로 청록파 조지훈 님의 「풀잎단장」, 「낙화」, 「승무」 같은 전통傳統 운율과 선율을 지닌 이미지 시를 더 좋아한다. 그러나 그런 시의 씨앗은 흔치 않아 사물 시의 타성에 자주 빠진다. 은유적 이미지 시는 보편성을 지닐 때 진리眞理와 같다. 동적인 이미지 시는 생명체와 같아 상징성을 지닌다는 글도 이제 조금 꿈을 깨는 중이다.

끝으로 문예진흥기금의 지원을 받게 해주신 심사위원들과 바쁜 시간을 쪼개 서평을 써주신 중국 정주경공업대 이상옥 교수께 머리 숙여 인사를 올린다. 아울러 도서출판 한국인 대표를 비롯해 정성을 보탠 식구들과 동료들께도 기쁨과 함께 깊은 감사를 표한다.

2018년 7월　화명동 서재에서

임당林塘 최진만 씀

목차

서문 | 임당 최진만   *004*
작품 해설 | 이상옥 교수   *191*

제1부
시간의 밥

01 봄날 *013*
02 할머니의 벽 *014*
03 바람이 쓸고 간 거리 *015*
04 K 아파트 7월 12일 *016*
05 마당을 쓸면서 *017*
06 새벽을 여는 발자국 *018*
07 나그네 *019*
08 시간의 밥 *020*
09 어느 오후 *021*
10 종을 쳐라 *023*
11 길을 나섰다 *024*
12 설날 아침 *025*
13 봄바람 *027*
14 사소한 것들 *028*
15 그 녀석들처럼 *029*
16 인생 주석만 달다 간다 *030*
17 푸른 정적靜寂의 묵상 *031*
18 바람 봄 깨우는 *032*

제2부
베란다 창가의 추억

035 유월이 오면 01
036 연지공원 02
037 이정록의 의자 03
038 구멍 2 04
039 아바타 동굴 05
043 신비의 형상形相 06
044 구부러진 말믈 07
046 변곡점 열차 08
047 앞을 보라 09
048 법기 수원지 10
049 시인은 말이 없고 11
051 결혼 축시 12
052 바람이 불지 않은 창 13
053 물목 초장 집에 갇힌 당신 14
054 텃새의 말 15
056 페타이어 16
057 여름 편지 17

제3부
흩어진 밥

01 마스크를 한다 *061*
02 다만 그곳을 바라볼 뿐 *062*
03 흩어진 밥 *064*
04 르네상스 조수미 *065*
05 가을 소묘 *066*
06 은행잎 가을은 *067*
07 하여도 *068*
08 눈물 핑 돈다 *069*
09 바람과 벚꽃 *070*
10 내 흉보기 *071*
11 새벽시장 *072*
12 친구에게 *073*
13 낭만적 침묵 *074*
14 뒤집힌 아침 *075*
15 어머니 *076*
16 불꽃 될 어느 날 *077*
17 동양란東洋蘭 *078*
18 덕德과 복福이란 *079*

제4부
숲을 돌아서면 바다

083 그늘과 그늘 01
084 석양夕陽 길 02
085 4대강江 배앓이 03
086 독도가 위험하다 04
088 시인詩人의 꿈 05
090 입춘소고立春小考 06
091 새들의 나침반 어디쯤 07
092 뱃머리 풍경 08
093 순천만에서 09
094 복숭아 10
095 허무 11
096 마음의 상처 12
097 풀꽃 시계 13
098 해수욕장에서 14
099 놋그릇 15
100 협죽도 16
102 노란 눈물 17
104 시를 써보게 18

목차

제5부
잎 떠난 자리

01 너는 뭘 봤니	107
02 사랑하지 않겠습니다	109
03 오버올 안드레	110
04 자리를 지킨다는 것은	111
05 잎 떠난 자리	113
06 살아있다는 것은	114
07 절집 앞에서	115
08 봄날 오후	116
09 그런 아이가 있었다	117
10 방바닥	118
11 화해	119
12 미물	120
13 예순다섯 되면	121
14 전야제	122
15 K 님에게	123
16 헛웃음	124
17 선진국 정의	125
18 부끄럽지 아니한가	126
19 하루 또 무직	128

제6부
가을에 남긴 시詩

131	아가의 탄생 01
132	무전無錢 여행길 02
133	낙엽 03
134	영남알프스 04
136	한강 다리에서 05
137	늙는다는 것 06
138	빈집 07
139	사람이 길이다 08
140	사진을 찍으며 09
141	부끄럽다 10
142	손길 11
143	철새와 서낙동강 추억 12
144	신호등 13
145	비오는 밤 14
146	해바라기 꽃길 15
147	잘 사나 16
148	국회의사당 소견 17
149	신발끈을 조이며 18
150	인내 19

제7부
비가 그리움이 될 때

01 산문에 들어 *153*
02 달빛 *154*
03 비가 그리움이 될 때 *155*
04 얼마나 기쁠까 *156*
05 사람의 절규 *157*
06 종무와 송년의 기도 *159*
07 신앙의 눈 *160*
08 어쩌란 말이오 *161*
09 생生과 사死 *163*
10 제네시스 *164*
11 한 방울 물의 힘 *165*
12 나를 위로하며 *166*
13 월간 문학지 *167*
14 하는 것 같다 *168*
15 어느 계시啓示와 구제관 *169*
16 시월 대제大祭 근행 *172*
17 똑같습네다 *174*

제8부
겨울아침 차를 마시며

177 어머니 품속에서 01
179 새들에게 고백 02
180 그럴지도 몰라 03
181 몽돌밭을 거닐며 04
183 황계폭포 05
184 치매 병동 06
185 화명코아 초장 집 07
186 방생 08
187 낮은 마음 09
188 어떤 시詩 10
189 한계 11
190 어떤 낱말 12

191 작품 해설 | 생의 역설 혹은 아이러니
206 후기

제1부

시간의 밥

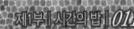

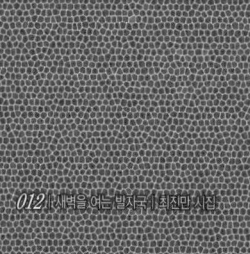

봄날

연신 보채던 바람
봄볕 새근새근 잠자던
아가의 볼 붉은 젖내
잠시 뒤척이다 꿈을 깬다

촘촘히 봄비가 내리고
바싹 엎드린 이승의 한때
술렁이는 언덕
운판 소리 들리고
꽃잎은 또 시나브로
너덜겅 위로 떨어지는

할머니의 벽

회색담 블록 난간
단조로운 겨울
한 노파가 세상을 등지는 곳이 있었다
늙어가는 쓸쓸함을 받아낸
햇볕 따스한 블록 담장,
브레이크 없이 살아오신 아흔 할머니
어깨 받쳐주던 담벼락
그 벽의 난간 평화로울 때가 있다

봄바람 쓸어간 사월이 가고
해바라기 담장을 다독이는 담쟁이 넝쿨
벽을 꽁꽁 동여맨 실핏줄에서
피명 눈 깜박이던 새싹들
어느덧 여린 다섯 손가락 펴,
연보라 건반을 두들기는 오페라
아흔둘 하늘 가신
떨리던 다섯 손가락 손뼉 소리

바람이 쓸고 간 거리

헐벗은 바람이 숨비소리를 낸다
눈뜬 행운이 눈을 감고
찢어진 깃발처럼 펄럭인다
큰소리치던 브라운관 속
얕은 미간의 얼굴들이 광폭을 넓힐 때
서민의 희망도 절망의 보폭을 넓힌다
싸한 창문 밖으로 달빛도 컹컹 짖고
길게 그림자를 드리운 천막 속
대권 주자들의 유세 바람이 거세다

설령, 돔구장에서 왕방울 눈으로
한바탕 전당대회 법석을 떨어 탈피脫皮한다고 해서
돔구장 같은 세종世宗이 되겠는가!
지금은 촛불이 쓸고 간 황량한 거리
낯선 이정표 속으로 숨어든 가면의 탈,
탈을 뒤집어쓴 신뢰를 잃은 정치꾼!
도무지 부끄러운 줄 모르는 실체
광화문 불빛에 실려가고 있다.

K 아파트 7월 12일

아파트단지를 한 바퀴 걸으면 한 시간 넘게 흘러 조경은 계절이 바뀐 듯 풍성하다 205동과, 403동 사이 바람은 풀어헤친 대나무숲 머릿결을 빗질하고, 키다리 소나무는 장승처럼 서 있다 보도블록 곡선 따라 쌈지공원이 있고, 그것은 여인의 풍성한 젖가슴을 닮았다 치자 꽃잎은 어머니같은 레몬 향 분 냄새가 나고 정갈하게 흰 치마저고리를 갈아입었다
스포츠센터 골프연습장 복도 끝, 입주민 공중목욕탕과 수영장은 아침저녁으로 붐볐다 실내골프장을 지나 유리창 안으로 헬스장 러닝머신을 타는 근육질 사내가 있다 혈관이 담쟁이 넝쿨처럼 다리를 휘휘 감았고, 중년으로 보이는 한 남자가 땀에 젖은 운동복을 갈아입고 있다
도서관을 지나면 야외공연장과 연못이 있고 연못에는 몇 음계의 분수대에서 능수버들 물줄기가 시원스럽다 물줄기 아래 아이들 웃음소리, 그 웃음소리가 고향 마을 밥 짓는 굴뚝 연기처럼 자욱하다 아장아장 걷는 아가 손 붙잡은 앳된 엄마, 뽀얀 얼굴에 무지갯빛 미소가 번진다 물줄기 공연이 끝나자 아이들 웃음소리가 잔물결에 지워지고 그 위로 까치가 내려앉아 물방울을 퉁긴다 산그늘 스며들어 땅거미 일자 아파트 여인들이 시냇물처럼 불어났다 여인들은 빠른 걸음으로 떼 새처럼 재잘거렸고 푸들 강아지 뒤질세라 뜀박질한다 연못 옆 벤치에 앉은 두 여인, 무슨 생각에 잠기는 듯 빛나는 별 하나를 무심히 바라보았다.

마당을 쓸면서

비둘기가 모이 줍는 아침
캠퍼스 눈동자들이
지구별을 대표하듯 깨어 있었다
어제는 보리쌀 몇 됫박 품으로
동료부탁이라 경비도 서고
마당을 쓸며 쓰레기를 줍는다
이 나이엔 보리밥도 건강식이라
눈치챈 햇살도 마당을 쓴다

잘생긴 부도浮屠 탑 아래
경계석을 넘은 웃자란 잔디 싹을
걷어낼 때마다, 나는
보도블록 틈새로
밟히고 밟힌 낮은 풀들의 말씀을 보며
어느 큰스님 법문처럼
부도 탑 말들을 엿들어보았다

캠퍼스 벤치에 무심히 앉은 저 늙은이
어느덧 세월을 낚다
마당을 쓰는 나를 물끄러미 본다
순하게 풀린 흰 눈동자
눈의 총기가 살아 있는 한,
마당을 쓰는 내가
그 참 부럽기도 한 모양이다.

새벽을 여는 발자국

땅과 하늘을 열기 위해 새들이 처녀성 같은 지평地坪을 깨운다 아파트에서 눈을 비빈 불빛이 띄엄띄엄 어둠을 밝힌다 한 사람의 발자국이 눈에 불을 켠 채 까만 어둠을 가르며 다가오고 있다 초승달보다 먼저 눈을 뜬 발자국은 첫차를 신고 달렸다 거리의 청소부는 바쁘게 그 발자국을 쓸어 담는다 강 건너 촌락의 불빛 몇 개가 이슬처럼 반짝이고 있다 새벽기도 버스를 기다리던 여인, 바람을 안고 온 미니버스가 냉큼 여인을 어둠 속으로 싣고 사라진다 조간신문 오토바이 소리가 멀어지고 새벽 운해가 걷히자 산과 들이 막 세수를 끝낸 것처럼 마알갛다 삐거덕삐거덕 만선을 꿈꾸던 강江의 어부들이 그물을 당기며 시름에 빠진 해를 싱싱하게 건져 올린다.

나그네

석류 알 빨갛게
맑은 날
남도길 돌고 돌아
북으로 가는 나그네!
케이티엑스KTX 달리는 지방도로를 따라
무슨 사연 있는지
걸음걸이마다
수심이 가득하다

서산 해도 뉘엿뉘엿 지고
땅거미 짙어
돌산 아래 달 밝으니
기러기 떼 날고
먼 초막 불빛 아득히
길을 묻는다.

시간의 밥

녹슨 양철지붕
숭숭 구멍이 뚫려 허물어져 간다
흰 구름같이 시간은 흘러
변할 수밖에 없다는 것
시간이 먹어치울 밥 앞에
멈춰있을 현상現像은 아무것도 없다

어느 시절 어느 때를 때라고 할 수 있을까
지은 이름들이 사라졌을 그곳
새로운 이름이 돋아 역사歷史가 되었을
또 양철집이 사라지고,
우리가 사라질 시간 속에서
높고 낮음의 새로운 도시 골목에도
그늘을 드리우며 해를 지우고 있다
바다 밑 시간의 밥이 된 고대도시古代都市처럼
시간은 못 먹는 게 없다
다만 시간이 먹을 수 없는 것이 있다면
그건 '미끼'의 말씀인가 하노라.

어느 오후
백내장 수술 뒤

황사와 안개 낀 창밖같이 내 눈은 흐릿하였다 수술대기실은 어느 날 내가 죽음을 맞이할 때 저승에서 기다리는 순번 같았다 노크 소리가 나고 나를 안내하는 저승사자같은 간호사가 수술대에 나를 눕히자 나는 죄인처럼 지상에서 가장 겸손한 마음으로 눈을 감았다

수정체의 우주는 작은 생명체로 가득 떠 다녔다 천체 속의 모든 사물이 별처럼 나를 또렷이 바라보았다 소년시절 풀밭에 누워 눈을 깊이 감을수록 빨간 하늘에 작은 붉은 알갱이들이 영혼의 씨앗처럼 떠다녔다 그것들이 나에게는 별이고 우주 같았다 그리고 사람이 죽어, 되돌아갈 안식처같은 곳이리라 생각도 해봤다

붉은 알갱이들의 말은 언제나 묵언으로 통했다 알 수 없는 언어와 빠른 몸짓을 멍하니 바라보며 나는 내 눈을 의심했다 어떤 정물靜物이 새롭게 보인다는 것은 장님이 잘 안 보이는 것을 볼 수 있을 때처럼 형상刑象은 더 뚜렷하게 보였다 그리고 간간히 수정체의 황사를 걷어내는 수술 기계음 소리가 물이랑처럼 찰랑거렸다

내 창의 안개가 걷히고 며칠 뒤, 유월 싱그러운 청포도잎 사이로 들여다보였던 파란 하늘이 우물물처럼 깊고 유난히 맑았다 석양夕陽이 질 무렵 나는 초가집같이 기울고 허물어져 가는 노을을 반듯하게 읽어보았다 산을 떠밀고 출렁이던 숲들의 푸른 잎이 다시 제자리를 막 잡았다.

종을 쳐라

종을 쳐라
종을 쳐라
가슴 펑 뚫리게 종을 쳐라
정의로운 민주주의 이랑 이랑을 깨울
종을 쳐라
이념의 고개를 넘어
저 멀리
북방까지 들리게 종을 쳐라

종소리를 듣고
꿈 키웠던 어릴 적 교실이나
배고프면 교회나 사찰을 찾았던
그 종소리로
다시 종을 쳐라

온 누리
자유와 평등을 위해
무술년戊戌年 아침 종을 쳐라
부패도 이념도 폭력도 말갛게
씻을 종을 쳐라
종이
아프도록 종을 쳐라.

길을 나섰다

회색 빛 구름 사이로
희미하게 내민 햇살의 오후
나그네가 길을 떠나듯
훌쩍 길을 나섰다
하늘빛은 을씨년스럽고
산 능선을 흐리게 타고내린
뿌연 연무가 살림살이만큼 무겁다
앙상한 나뭇가지에
침묵이 흐르고
다문다문 사람의 집들
개 짖는 소리만 들릴 뿐
빈 논바닥엔 주인 없는
연기가 피어올랐다
엄습한 추위에도 오리목 눈 싹
푸른 빛을 틔우고
당산나무 끝에 앉아
먼 산 바라보는 찌르레기 눈동자
봄기운이 도는듯하다
바삭 쪼그린 잡풀의 언덕
고요 속 푸른 말들이 꿈틀댄다.

설날 아침

가령 우리가 어슬렁거리며
대목 장터 막걸리 한 사발 목을 축이고
할아버지가 수염을 쓰다듬듯
턱 한 번 쓰다듬고
육자배기 한가락 구슬피 부른다 하여
나직한 황톳길 고개 넘으시던
흰 두루마기자락 휘날린
아버지가 될 수 있겠습니까

우리가 설령 케이티엑스 열차나
승용차를 타고 색동치마저고리 입고
선물꾸러미 손에 손에 들고
고향으로 달려간다 한들,
그 옛적 버선발로 달려 나와 맞아주던
어머니 품속 같은 설렘의 고향이 있겠습니까

당신 품에 손자 손녀 안기시던 설날 아침
제사상을 정성껏 다듬어 차리고
조상님께 차례를 지내시던…!
음복술에 건강과 풍요를 빌던 그날
오색나물과 탕국을 넣고 비빈 쌀밥,
그 비빔밥처럼 온 가족 둘러앉아

고소한 생선찜과 배불리 먹고
윷놀이 제기차기 연날리기, 손자 손녀들
노랫소리와 춤사위로 너울너울
어깨춤 한 번 추고 가난 속에서도
행복했던 젊은 날에 설날이 되겠습니까.

봄바람

푸르스름한 실버들 가지 흔드는
남도 가시나
엉덩짝 살랑살랑 이랑, 이랑 흔들고
색색 가지 사향麝香내 흩뿌리며
싸돌아다닌다.
꽃잎 볼 어루만지는
문디 가시나
애간장만 태우고
또, 어디로 가는지—

저, 문디 가시나가
어제는 제주도를 휘젓고
낙동강 허벅지까지 한 바퀴 돌았는지
유채꽃이 만발하고,
가는 곳마다 꽃이란 꽃은 다 깨워
늙은이, 젊은이 할 것 없이
조선 열두 골짝 가랑이마다
아, 참 좋다
아, 참 좋다
모두 죽여주는
문디 가시나.

(註) 문디 : 문둥이 경상도 방언

사소한 것들

등산로 회색빛 길목 진달래
연분홍 투피스 걸쳐 입은듯하고
가지마다 입가에 걸린 웃음소리
왁자지껄하다
온통 캔버스 화폭이 된 산과 들
노란 밑칠이 번져
계절을 물갈이하고 있다

봄이 산을 내려온 이후
연둣빛 잎이 귀를 세우고
수꿩 소리를 듣는다
땅속 뿌리에서 채집된 꿈들이
온갖 나뭇잎으로 반짝거린다
햇살 환하게 웃을 때마다
부드러운 바람이 묻어오고
콧등 스치는 상큼한 바람
소녀의 첫사랑 같은 향기에 젖는다

산마루 어디쯤일까
멧비둘기 구구 구구 짝을 부른다
그리워하고 그리운 것이 멀어도
내 영혼의 체온을 가라앉힐
소중한 삶의 의미들이여.

그 녀석들처럼

갖가지 얼굴을 내민 책들이
걸음을 멈추고
나란히 책장에 도열해 있다
그 멈춘 마음을 다 읽을 수는 없지만
나는 그 녀석들과 동고동락하며
또 한 살의 나이를 포개는 설을 맞는다
가끔 낯선 녀석들의 미소에
잔뜩 호기심이 발동하여
그 녀석들의 속뜻을 잠시 엿볼 뿐!
내용을 의미깊게 탐구하기에는
시간이 없다는 핑계로 '다음에'란
의문부호만 남기곤 했다
무술년/戊戌年 황금개띠 새해에는
그 녀석들 속으로 들어가 보고 싶다
그 녀석들 속마음을 읽고
그 녀석들처럼 내가 좀 더 소통하는
한 인간으로 배려 사랑 은혜
감사 진실 겸손 여유 지혜
현명함까지도 닮으면 좋겠소.

인생 주석만 달다 간다

정류장에는 한 곳으로만 바라봤다 계절의 풍경이 변해가도 누구 하나 관심이 없는듯하다 그래도 나이든 동백은 길 가장자리에서 기억할 것이다 등 굽은 스티븐 호킹 박사가 버스 창가에 바싹 다가앉아 고개를 꺾어 구름 속에서 솟는 해를 무심히 바라보았다! 얼마 전 대숲 앞 논배미를 잘라 터를 다질 때였다 무슨 건축물이 새로 들어설까 궁금하던 공사장에는 벌써 우사+숯가 지어졌다 언덕 위 헌 우사가 헐릴 때만 해도 몰랐다 굴삭기가 길바닥만큼 흙을 파낼 쯤 외양간은 평평한 대지로 탈바꿈했다 방문 사이로 생전에 웃던 그 집 어른의 영정사진이 왜 장례식 때 슬프게 보였던지! 땅값이 몇십 배 오른 지금 이제 조금 알 것 같다 해마다 냉이꽃과 들국화가 피던 묵정밭을 일궈 논이 되었고 논이 우사가 되고 우사가 헐리면 주택이 되었다 주택은 또 몇 년을 못 버티고 재개발 주석만 달았다 바깥은 영하로 춥고 버스 손님들은 자거나 혹은 휴대폰 창으로만 세상과 소통했다 스쳐 지난 푸른 강물을 스티븐 호킹 박사만 바라보았다 버스가 도착하자 터미널 비둘기는 무슨 모이를 줍는지 연신 부리로 바닥을 쪼고 있다 스티븐 호킹 박사가 도시 유리창에 비친 자신의 옆모습을 비춰보며 사차원 허리를 곧추세웠다.

푸른 정적靜寂의 묵상

일요일 귀와 눈들이 떠나고
사십오도 각도로 둘러봐도
익숙했던 풍경은 아무도 밟지 않은
미지의 땅처럼 정적靜寂만 흐른다
고추 가지 상추 호박잎이 춤추는
법을 치매처럼 잊었다
짹짹거리던 참새들과
시간제 버스가 지난 자리에
푸른 은행나무가 말없이 서 있고
칠월 더위에
논, 밭이 허옇게 질려 백지 같았다

굳게 닫힌 스테인리스 접이식 정문 넘어
금정산 부채바위를 닮은 공장건물,
낮달같이 눈감고 단잠에 빠졌다
잔잔히 흐르는 말러의 4번 천상의 삶
고향곡은 잘 몰라도
귀를 쫑긋이 세운 녹색 잎들에
스멀스멀 배여 젖어 푸른 파동으로
생명을 깨우는 춤이 될 줄 미처 몰랐다.

바람 봄 깨우는

지난 가을 아프게 잘려간 가지의 정신일까
나이테 아물지 않은 상처 서릿발처럼 시린데
둥근 향나무에서 설렌 바람이 일었다
빈 가지 사이 고개 내밀면
저 얼굴만 보아도 파릇한 웃음에
왠지 기분 좋은 오후
따스한 햇볕 속으로 하늬바람 미소를 짓는다

넓은 캠퍼스 정원
옷깃 스치는 모호한 바람
종종걸음으로 불어와
연산홍 군락 봉우리마다
탐스런 붉은 입술을 열기 위해
목마른 언덕을 흔들고 있다

아가씨 머리끄덩이를 채가던 바람
높다란 나뭇가지마다
검은 폐비닐을 걸쳐두고
바람은 또 길을 열어 어디로 가는지!
바람의 정체를 채 알기도 전
베란다 동백꽃은 한 송이 피고.

제2부
베란다 창가의 추억

유월이 오면

유월이 오면
유월이 오면
저, 언덕 위에 유월이 오면
장미꽃 무더기, 무더기로 피는 것은
자유를 위해, 조국을 위해
젊은 피 흩뿌린
내 누이 아들 같은 넋으로
붉게, 붉게 피는 꽃!
어여쁜 아가씨야
장미꽃 입술에 입맞춤을 해주렴

오, 유월이 오면
유월이 오면
저 언덕 위 숲속에서
청명한 하늘 떨리게 우짖는
뻐꾹새 울음소리, 소리는
처참한 전장의 포화 속으로
산화한 내 누님 아들과,
호국영령들의 피맺힌 통곡,
통곡일 줄이야!
못다운 눈가에 어리는
우리의 어머님 눈물, 눈물일 줄이야.

연지공원

만약 춘 사월
봄나들이 가고 싶거든 연지공원으로 가라
혹시, 사색의 연못과 벚꽃이 그리울 땐
연지공원으로 가라
김해시 내동 연지공원으로 가면
저절로 시詩 한 편을 얻을 것이니!
연지공원으로 가라
벚꽃 터널 속으로 푸르디푸른 아가씨들
깔깔한 웃음꽃들!
그 꽃물처럼 뚝뚝 떨어지는
연지공원으로 가라
꽃 비늘 휘날리면 차라리 꽃이 되리라

힘찬 고래처럼 숨을 내뿜는 분수대
잠자던 카메라도 눈을 뜨게 하고
겨우내 찌든 할머니 얼굴에도
봄꽃이 피면, 사람도
꽃처럼 피어야 하는 이유가 분명해진다
사람이 꽃이 되고 싶다면,
너와 내가 꽃처럼 피고 싶다면
연지공원으로 가라.

(註) 연지공원 : 경남 김해 내동에 위치하며 넓은 수변공원으로 조경이 아름답다.

이정록의 의자

그는 어머니가 이르는 대로
마음껏 쉴 수 있는 의자 몇 개를
지하철 승강장 벽면에 내놨다
정釘을 맞을수록
결이 좋아진다는 모서리를 세우던 의자다
이제 결 고운 의자 몇 개는
주인을 잃고 헤매던 의자가 되어
자리를 잃은 사람들 모두 앉고도 남을
넉넉하고도 포근한 마음의 의자가 되었다

승강장 빈 의자는
이미 한정된 정원定員의 민주주의 자본
서러운 실업자의 목숨처럼
흔들리는 낮고 낮은 의자들이
쩌렁쩌렁 지하철 레일을 울린다
오늘도 가슴 속으로 떠돌
의자 몇 개가 시름, 시름
젊음의 이름으로 부숴지고,
의자를 잃은 주검의 혼이
전동차를 따라 긴 터널을 달리고 있다.

(註) 이정록 : 1964년 충남 홍성 출생. 1993년 [동아일보] 신춘문예 시로 등단:「아버지학교」외 6권의
    시집이 있으며, '의자'는 그의 대표적인 시다.

구멍 2

마음을 모아
붉은 피가 솟구칠 때까지
구멍을 뚫다가
펜촉을 들어도
시의 꼬리는 찌르지 못했습니다

보이지도 않고 들리지도 않는
먹장어 눈으로 시詩의 바다를 헤엄치다
어둠이 내리면
캄캄한 사해死海처럼 미동도 없이
숨어오던 시어詩魚 한두 마리

촘촘히 직조된
뇌의 그물망을 뚫고
달아나는 시상詩想들
한 무리 치어 떼가 몰려가고
먼동이 트면
밤사이 뚫은 구멍 속에서
심해의 고래가
한껏 물기둥을 내뿜고
이윽고 바다는 잠잠하였습니다.

아바타동굴

1

틈 사이로 빛과 함께 비집고 들어간 곳은 시작과 끝이 없는 동굴이었다 나는 꿈속처럼 여기저기를 둘러보다가, 커다란 투명 풍선 속에서 움직이는 물체를 보았다 그 움직이는 물체는 수정구슬처럼 빛나는 물체로 보였는데 마음이라는 이름표를 달고 있었다 신축성이 좋은 동굴은 때때로 늘어났다가 줄었다 하였으며, 때론 희미하게 밝았다가 어두컴컴하여 연대를 짐작할 수 없었다.

2

그곳은 석굴암 속만큼 깊고 깊은 곳이었다 뭉게구름이 바깥세상에서 보고 듣고 먹고 느낀 많은 답습의 경험들을 적은 파일을 보며 누구에겐가 보고하는 중이었다 구름 이야긴 우주 위 창공 삼 사 차원 이야기도 서로 나눈듯싶었다 벽 뒤에 숨은 늙은 영혼이 귀를 기울여 귀엣말을 엿듣고 있었다 비행기 창으로 보았던 솜뭉치 구름처럼 펼쳐진 구름 융단이 깔려있고 그 중심에는 웅장한 '바람의 신전'이 보였다 바람의 신전에는 아름답게 세공된 금관을 쓴 '시간의 신'이 있었다 그 크기가 눈에 차고도 남았다 그러나 그 형상은 잠시 보였다가, 곧 보이지 않았다 그 보이지 않는 형상 옆으로 사람 모습의 형상을 지닌 금빛 형틀이 단

위에 누워있고, 목화처럼 열매 맺은 흰 꽃 한 송이가 홀로 피어 있을 뿐! 어떤 사물도 눈에 보이지 않았다 진공상태처럼 바람이 없는지 흔들리지 않았다 이 꽃은 불멸不滅의 꽃이며 태초 '영혼을 생산하는 꽃' 이었다고 늙은 영혼이 귀띔해줬다 바람의 신전은 꽤 넓어 며칠을 돌아다녀도 다 돌 수가 없었다 그러던 어느 날 영혼을 심판하는 첫 번째 재판 현장을 잠시 목격하게 되었다 "에이 이놈, 몇백억을 해 처먹고 어떻게 갚겠느냐?" 너는 도저히 다시 사람으로 태어날 수는 없고 소牛나 말馬로 살아갈 줄 알아라 이놈을 끌고 가라 다음, 어디 보자 선생은 명동성당에서 기도를 많이 하셨네요. 이쪽으로 가 계시고, 다음 통도사 법성 스님 아닙니까? 다비식이 대단하셨다죠! 저쪽으로 모셔라 나중에 귀한 차 한잔 드리겠습니다 또 다음 이석동 씨, 당신은 한세상 살아온 마음의 성적표를 보니까 넉넉지 않은 살림에도 불구하고 은혜에 빚지지 않고 오히려 심적으로나 금전적으로 너무 좋은 일을 많이 하셨네요 당신은 오십 일째 되는 날, 아주 괜찮은 집안에 다시 인간으로 태어나게 될 것 같습니다 저 위층으로 모셔라 에- 에 오늘 재판은 이것으로 마치겠습니다.

3

인간 시간으로 칠일째 되던 날, 형틀에서 많은 사람을 찍어내던 시간이 지나자 증오와 불안, 인색과 질병, 지혜와 어리석음, 그리고 원망과 분노, 미움과 욕심, 편애와 탐욕과 교만 같은 마음들을 그 형틀 속으로 들어부었다 원래 마음이란 사랑과 진실, 자비와 배려, 은혜와 감사함, 행복과 평화로움 같은 깨끗하고 좋은 것이었지만 인간들이 살아오면서 더럽혀진 마음이 되었다 좋은 마음과 섞이도록 더럽혀진 마음의 재료가 들어가자, 거무스름하게 찍어낸 사람처럼 생긴 피륙들에서 마비된 듯 굳은 근육들이 담쟁이 넝쿨처럼 되살아 빠르게 뻗어 혈관이 되었다 그 뻗어가는 넝쿨 혈관이 점점 자라 굵어져 지하 대형수도관처럼 커지더니 이윽고 강처럼 넓혀져 살아있는 동굴은 끝없이 뻗어 나갔다 강 같은 동굴 혈관엔 청정수라고 하지만 핏물처럼 붉게 흘렀다 아니 내가 보기에는 붉은 핏물이 쉴 새 없이 쏟아져 들어갔다 몇천만 년이 흘렀는지! 시간개념이 없는 어느 날, 컴컴한 동굴 안 벽면에서 단 한번도 경험해보지 못한 세상 사람들의 경험들이 일제히 눈을 떴다 나는 그 틈새를 틈타 시간의 신의 커다란 눈동자 속으로 숨어들었다 생각을 가둬둔 수용 촌이 즐비하게 보였고, 녹이 슨 창고 옆으로 육중한 철문이 보였다 나는 그 철문 안이 궁금하여 거미처럼 변신하였다 그리고 살금살금 기어들어 가보니 창고 중앙에 어마어마한 금동불상이 있었다 나는 또 그 불상 속이 궁금해 안으로 기어들었다 그리고 암벽 타듯이 기어올라 가마득한 아래를 내려다보는데 지나온 동굴 강과 또 다른 동굴 강이 서로 연결되어 합류하고 있었다.

4
붉은 녹물 같은 핏덩이가 맑은 강을 따라 흘렀다 공룡 등뼈와 코끼리 상아로 엮어 만든 괴상하게 생긴 마음의 징검다리를 몇 개 건너자, 출렁이는 외줄 다리가 또 놓여있었다 출렁다리를 건너자 동굴 눈으로 보이는 저쪽에서 바깥세상으로 통하는 탁구공만한 크기의 틈새로 가느다란 빛이 새어들었다 빛이 닿은 곳마다 조금 작아진 동굴벽이 조금씩 허물어져 강물에 휩쓸리고 있었고, 어떤 주검이 또 차사差使의 손에 이끌려 동굴 안으로 걸어오고 있었다 지옥과 천당이랄 수도 있는 공존의 동굴 세계라는 늙은 영혼 말이 불현듯 떠올랐다 하지만 천당이라는 곳은 보이지 않았다 인간을 찍어내던 형틀잡이와 '영혼을 생산하는 꽃' 그것을 지배하는 '시간의 신', 그리고 영혼의 재판, 동굴 속 비밀을 알게 된 내가 연월일이 없는 어느 날 탁구공만한 빛을 따라 동굴을 빠져나올 때 멀리서 들릴듯 말듯 수탉 우는 소리가 들렸다.

신비의 형상 形相

창밖으로 잎의 숨소리가 보일 뿐
빌딩 안은 무슨 말들이 오가는지 들리지 않는다
가지 끝이 흔들리고 있다
바람이 키를 높일 때마다
팔, 다리 형상을 흔들며
뛰다가 걷다가 체력을 다지는
잎과 가지 끝 숨소리가 점점 자라
무성하게 거칠다

한라 비발디 아파트에서
무너지는 바람!
무너져 내리는 바람 속으로
춤추는 무희는 파란 내장을 내보이고
가쁜 숨을 내쉰다.
부전동 모터 펌프 수리 전문점 앞
가로수 은행나무, 쭉 뻗어내린 가지의 형상
홀연히 이 세상을 떠난
어느 시인의 혼령이 덧씌워진 것처럼
사람의 모습을 하고
아무도 모르게 시치미를 뚝 떼고 매달려 있다.

구부러진 말들

죽은 나무에 말의 중심이 무너져 있다

덩치를 보아 한 백 년은 됐겠지!
병원 실내광장 죽은 나뭇가지 끝에 천 개의 뜬눈으로 반짝이는 묵언의 말들, 이 소곤거리는 빛의 말들이 입원실 안쪽을 가득 메웠다
수수낱알 같은 붉은 빛이다. 대각선 유리창에 부딪혀 광안대교 야간 자동차 전조등 불빛처럼 반사되는 빛들의 잔치, 빛들이 굴절되는 창 넘어 허공에 뜬 어눌한 말들, 그 말들을 붙들기 위해 흰 가운을 입은 의사는 "할머니, 할머니, 제 소리 들려요" 하며 손가락 사이로 흘러내리는 말들을 줍는다
천 개의 눈, 아니 만 개의 오색 빛으로 한동안 숲 동네 이야기를 들춰내던 조그만 붉은 알갱이 전구들이 말을 걸기 시작했다

인간에게 밈meme* 얘기 좀 할까요

당신께 진작 말을 걸고 싶었어요
인간처럼 사랑했다든지 사랑하지 않았다든지 진부한 그런 말은 아니에요
늘 당신과 사람들은 바른말이나, 옳은 말을 한다면서도 숲의 진실을 외면한 채, 자신의 본능적 위선의 유전자를 퍼뜨리죠

숲에는 살아남기 위해 구부러진 나무가 있을 뿐 거짓말로 이익
을 좇는 구부러진 말은 없습니다
병실의 할아버지, 할머니 또는 어머니 아버지뻘도
늘 아무 말도 없었죠 왜죠?
뭐, 잘못 생겼다거나 잘났다거나 또는 있느니 없느니 질투 섞인
말은 말의 본질은 아니죠
병실은 항상 외롭다는 말을 눈으로 말해요
말할 수 있는 대상을 찾는다는 게 쉽지는 않죠
다만, 숨 없는 빛을 생명처럼 불어넣고 가지 끝에서 반짝이는
말들을 주고받죠
왜냐고 묻지 마세요, 슬픈 일이죠
그래도 병원 시멘트 바닥에 뿌릴 내렸고, 숨 쉴 인조 잎은 돋아
생명 아닌 생명으로 살아남아 저기 말 없는 할머니를 닮아가며
한참 빛의 얘기를 나눠 서로 위안을 준답니다
백 년 덩치의 가지마다 감아올린 가느다란 실핏줄에서 조르르
흐르는 전류의 맥박 소리가 들리지 않으세요 이 소리를 누가
듣죠? 의사입니까? 눈으로 말하는 저 키 작은 할머니입니까?

(註1) 리처드 도킨스가 말한 밈meme은 자아의 복제 본능적 유전자를 퍼뜨리는 공감 능력.
(註2) [중앙일보] 이정모의 호모 사이언티피쿠스 일부문 인용.

변곡점 열차

긴 터널을 달리던 새벽 기차
도시의
변곡점을 빠져나올 때
반짝 놀란 가로등
실낱같은 줄 선 불빛을 그으며
온 세상을 빙빙 돌리고 있다

아침 운무가 걷히는 동안
희미하게 되살아나는 뿌연 도시
구름을 몰고 다니는 바람
산 능선마다 엷은 안개 속으로
푸른 산과 들 형체를 들어내며
눈 뜨는 아침 천지창조

어디를 둘러봐도 내 고향산천
야트막한 산허리를 감아도는 마을마다
푸른 연기 굴뚝 끝에서
아침밥 짓는 구수한 내음같이
어머니 미소가 번진다
영동역을 지나
열차가 빈 들을 달리면
옛 추억이 되살아나듯
먼 산 잔설이 산 위에 걸렸다.

앞을 보라

눈먼 시詩는 가라

똑바로 앞을 봐도
구제될까 말까 하는 부끄러운 시
여기저기
기웃기웃 여러 장르 옆을 본다

왼손으로 쓴 시는 가라

먼 산, 보면서
앞으로 가려는 시에게
누가, 클랙슨을 울려
앞을 보게 할 것인가!
시 창작 부메랑 같은 큐피드 화살
뒹구는 낙엽처럼,
두렵고 또 두려운 일이다
멀리 들리는 종소리는
아픔이 두 배
시도 아플 때 아름다웠다.

법기 수원지

계곡 푸른 물 비취색 호수
명경 위 빛나는 햇살
평화로운 풍경으로 망부석도 눈을 뜨고
산봉우리마다 호수 수면에 드리워
한 폭의 수채화를 연상케 한다

달 뜨면
선녀 내려와 목욕을 함직한,
조약돌도 꿈을 꾸는
법기 수원지!

이끼 낀 숲속 아름드리 가지 위에
흑두루미 날갯짓
깃발처럼 펄럭이고, 더덕꽃
초롱초롱하게 나팔처럼 벌어질 때
바람이 이르는 대로
이름 짓는 집시의 구름 떼
나보다 먼저
시詩 한 수를 읊고 간다.

시인은 말이 없고
조지훈 문학관을 찾으며

빗돌 시편, 시편마다
산맥을 이루고
산맥마다 정기精氣가 서려 있다
혈맥을 타고 내린 터
시의 강을 이룬 이곳
적멸寂滅의 보검을 높이 세우고
말갈기를 휘날리는 듯
시맥詩脈의 강을 달렸을
임의 시 작품을 보라

뉘 있어
임의 태산을 넘을 것이며
뉘라서 임의 강을 건널 수 있으랴
아, 귀를 씻고 눈을 감아도
임은 보이질 않고
강기슭 밀려든 실개천 어느 문협
시인들 씻은 발이 말갛구나

시인은 말이 없고 비밀스런 새싹의
기운으로 임의 시비 아래
이 작은 풀꽃의 언어처럼 각인된
시적 이미지
저 하늘에 맞닿아 있다는
새로운 사실을 비로소 깨닫는다.

결혼 축시
2012년 4월 8일, 맏아들 결혼에 부쳐

봄비가 내렸다
가지마다 푸른 윤기가 흐른다
영롱한 빗방울 진주알처럼 엮은 빛
신랑, 신부 선남선녀
파란 날개깃 펼치기 위한
결혼식 예행연습 목걸이 진주알
하늘마저 축복을 내리셨다

사월 팔일 결혼 소식
천리향 꽃향기 천리로 퍼진 청첩
화관을 쓴 벚꽃같이
천사도 시샘할 어여쁜 사월 신부여
성스러운 결혼을 축하한다
언 땅 뚫고 입춘立春을 노래하던
어제저녁 개구리 합창처럼
사랑 주고, 사랑받아 행복 누리라

순백의 대지大地를 밟은 첫걸음 신혼부부
믿음의 신이 걸음걸음마다 축복 내리시니
아지랑이 봄 꿈꾸듯 사랑 이루라
앞날에 영원한 두 몸 하나 되어 푸르고
넉넉한 꽃길 같은 사랑만 있어라.

바람이 불지 않는 창

봄볕이 아파트 베란다
유리창을 닦는다
봄볕이
빨간 홍매화
꽃잎을 흔들어 본다

봄볕에
간지럼도 타지 않는
꽃잎의 적요寂寥

유리창 안은
지금 망각의 늪처럼
고요하여
천리향 향기도
천리를 가지 못하네.

물목 초장 집에 갇힌 당신

봄날에는
가슴 속 모두 내려놓고
산과 들에 뛰놀던
망아지처럼
동심으로 달려가고 싶다
찬란한 이른 봄날
옛 동무 아지랑이 속으로
보일 듯 말 듯 하여
고개 들어 물끄러미 바라볼
사슴의 먼 산 같은
저 자유의 창공을 한없이 날고 싶다

들에도 강가에도
온갖 새싹은 돋아
봄꽃이 형형색색으로 웃음 짓는데
귀와 눈이 있어도
당신은 들리지도 않고
보이지도 않는다
동백꽃 송이송이
아기볼처럼 붉은 봉우리
봉긋봉긋 미소를 머금어도
당신은 그 빗살 꽃 보지 못하네
언제 나는 피안彼岸에서 돌아와
아내의 속울음을 닦아 주느냐.

텃새의 말

햇볕 따스하게 전해져오면
차창 안, 소리 없는 말들이 그득 찬다
팔방으로 무수히 엮어지는
언어의 흔적 저널리즘
찬 서리에 저 빛의 시린 말을
참새들이 쪼아 삼키고
전깃줄에 나란히 앉아 똥 누는 한 낮,
세차게 왔던 길을 내달리는 바람 속으로
알 수 없는 언어가 내달린다

통신 전파선 따라 뚜뚜, 뚜 뚜 띠, 띠이
'부 사망 급 속래' 뚜-띠이
소리 없는 말들이 소리를 지르며
어느 초상집 전보인양 달렸던 말들을
아날로그 시대의 기억 텃새는 안다

지금 도심 하늘에는
케이티, 에스케이, 디지털 시대
쏟아진 금속음이 휴대폰으로 도착하기 전
무슨 말인지 위험한 말인지, 어떤 뜻인지

전파 속 비밀스런 말의 잔치를 아무도 모른다
텃새만이 도청하듯 그 뜻을 미리 해독해
몸을 피하며 경주 포항 지진이요
대전 고속도로 오중 추돌 사고라고 먼저 안다
해도, 요즘 놀랄 일은 아니다.

폐타이어

가는 곳 어디든
날 등에 업고 달렸던
폐타이어
버리려는 순간
반짝, 눈빛을 들어
나를 올려다본다

늙어 힘들었을
폐타이어
다시 만져보니
지문도 다 닳아지고 없다
달려 깎인 아픔들은
아스팔트 간 곳마다
까만 울음을 남기고.

여름 편지

칠십사 년 만의 폭염이라네요
햇볕 따가울수록 매미 구애가 뜨겁습니다
앞 시냇물, 초록 갈댓잎으로 덮어
죄스런 마음으로 연푸른 갈잎 편지
소식 한 장 띄워봅니다
사람도 물빛처럼 외로움이 묻어나
왠지 깊은 산골처럼 적요합니다
너무 멀리 와버린 지금
수양버들 가지 사이로 그리움만 일렁입니다

저녁때면 지렁이 울음소리 처량하고
돌아갈 길도 아득하여
한번 뵙겠다는 말이
또 구부러진 말의 길이 되고 맙니다
삼복더위에 어르신 건강은 별고 없으신지
안부 여쭙는 이 시각도 안타까운 세월은
빠르게 흘러, 걱정만 앞설 뿐.

마냥 기다려줄 것으로 믿는
이 어리석음을 용서하소서 혹시나,
가슴 아리게 하는 후회가 될지
믿을 수 없는 저 자신이 미워집니다
사십여 도 팔월 더위는 이곳도
펄펄 끓는 쇳물 같아서
에세이 작가 친구는 며칠 전 끝내
하얀 파도에 실려갔습니다.

제3부

흩어진 밥

마스크를 한다

의견이 분분했다 어느 시협 분위기가 심상찮다 너는 틀렸고 나는 옳다고 주장한다 주장만 있고 의논은 없다 의논이 안 되니 협의나 관용의 미덕이 있을 리 없다 언제부턴가! 서정시고 선비정신이고 역사적 뿌리고 시적 존엄과 자존이고 깡그리 뭉개버렸다 선배가 선배답지 못하니 후배다운 후배가 없고 작품다운 작품들이 없다고들 하니 개탄할 일이다 시인이 펜을 들어 시를 말하지 않고 입으로 시를 말하니 돌아오는 것은 부메랑뿐! 무명보자기에 싼 옛 작품의 시인이여! 혹, 작품이 자랑할만해도 더 낮아지고 더 겸손했던 선비정신이여! 맛깔스런 술이 익듯이 은은한 그 시향詩香, 누구의 멘토가 되기도 하고 누구의 본이 되기도 했다 상식이 통하지 않는 극도의 이기적 세상을 닮아가는 시인의 말들이 편서풍을 일으키니 중국발 미세먼지뿐만이 아니라 공기가 오염될 수밖에, 보다 건강한 시를 위해 나는 마스크를 한다.

다만 그곳을 바라볼 뿐

1
병신년丙申年 섣달그믐
한 해를 종무하는 열일곱 시 삼십 분
진례산 능선에 걸린 석양夕陽
최순실 국정논단 칼날에 베인 해가
난파선처럼 표류하다 급기야 붉은 피를 토한다
작년 이맘 때
빌었던 소망 광화문 촛불로 붉고
정유년丁酉年 첫 시時
보신각 타종은 에밀레종 소리를 닮는다

2
새벽 그 암흑 속
태양이 우리들 심장에 있는 한
길잃은 양들은 시린 어깨를 부딪치며
신앙처럼 해돋이에 몰려들었다
머 언 수평선 저기는 신성神聖이 사는 곳
원하는 게 뭐냐고 묻는 듯이
점점 차오르는 정유년丁酉年 첫 햇덩이
아, 광채의 수탉 울음 천지에 퍼지고
아이들 손뼉 소리와 아주머니 두 손 모은
손가락 마디마다 트진 감탄사
새해 희망과 꿈들이 날개를 편다.

3

촛불 시위에 놀란 속울음 여운으로
정유년丁酉年 정월 대보름달이 무겁게 뜬다
소망을 기원하던 할머니 빈손이 떨리고
뿌연 숨결 속으로 겸허하게 기도하는 오늘
온 가족건강과 소원을 비는 아낙
달을 보며 춤추고 노래하던 소시민 샤머니즘
암울한 또 한 해의 미래를 기원하며
환한 보름달 같은 국운國運도 빌었다.

흩어진 밥

강물처럼 흘러 멀어진 형제자매
핵가족 1인 세대와
혼자 밥 먹는 사람들 대세인 시대
밥 한 끼 먹자던 인사가
왠지, 따뜻했던 어머니 구들장 같아서
외로워하시던 그 방이 그립습니다

어머니 아랫목은 참 따뜻했습니다
삼남이녀 둘러앉아
꽁보리밥 저녁을 먹고 옛 얘기 듣던 집
새벽차를 몰아, 잊고 지나온
시간을 거슬러 달리면
아직 살아남은
기억이 고속도로를 넓히고 있습니다

지금은 뿔뿔이 흩어진 밥
푸성귀 심었던 텃밭과
두레박 물을 긷던 우물
흔적 없이 사라져버린 마당
쇠풀 뜯기고 집으로 돌아와
마른 목 갈증을 풀던
꿀배나무 한 그루
동그마니 그 터를 지키고 있었습니다.

르네상스 조수미

여백이 흐르는 시간적 공간에는
현실 세계가 아닌
어떤 가공된 도시의 네온사인뿐이다
시대가 바뀌고
세대가 바뀐 탓일까
허공 속 헛된 바람은 또 무슨 까닭인지
동시대를 사는 사람들
금발머리를 가진 도시는
중세 르네상스 마지막 늪인 줄 모른다

잊었던 옛 친구가 그리운
일요일 오후
조수미 티브이 콘서트나 보며
꿈이 돼버린 늙은 손으로
먼 그대에게 두려운 술잔만 건넸다
소프라노 음률 속으로 전해져오는 빗소리
토닥, 토오닥, 탁탁
푸른 잎에 떨어지는 소낙비
평온을 적시는 저 대지大地 끝으로
가슴 아려오는 아베마리아
조수미가 빗속을 뚫고
독한 소주 한 잔을 가져다준다.

가을 소묘

단풍 소식 따라 철새의 군무가 사라질 때까지
잿빛 하늘 멍하니 바라볼 때가 있었다
가을 들판을 누렇게 다듬질해 놓고
반환점을 돈 계절
미루나무 잎들은 아직 파랗다
나는 길가에 차를 세우고 우두커니
서쪽으로 넘어가는 석양夕陽을 바라보다
노을빛 같은 들길을 따라 걸어봤다
덥고 제멋대로 불던 바람도 쉼표를 찍고
그늘을 접어 내린 서낙동강 수변

어둑어둑 날은 저물어간다
간혹 자동차 전조등 불빛 비춰진
스산한 거리
바깥소식 전하고 떠난 시골집 뒷모습 같은
풀벌레 소리
물들어가는 단풍잎들을 흔들고 있다
뽀얀 달이 차오르고 기러기 날면 좋으련만
불 켜진 몇몇 창 너머 서쪽 하늘에
별이 띄엄띄엄 눈뜨고 있다.

은행잎 가을은

은행나무 가을 저녁
노란 손수건을 흩뿌려주고 있다
목을 길게 뽑던 달빛
밤마다
시간을 다듬어 쌓아 올린 황금 탑
동백꽃 뒤에 숨었던
크림색 수은등 불빛
노란 바람개비를 받쳐들고
눈을 깜박이고 있다

바람 드세질수록
새잎이 태어날 봄을 위하여
가지 끝은 휘파람 소리를 내고 있다
어제의 낙엽은 관뚜껑을 닫고
내일 가야될 내세來世에
나직이 내려앉아
답을 구하는 노란 질문들이
한마당 숨을 죽이고 있다.

하여도
아내에게

뚝배기 한 그릇 무게 더한 무게
저울추가 파르르 떨리는 이유
허리통증과 무릎관절통도
아내의 몸무게 일부이기 때문이다
젊은 한 때 국악인 김영임을 닮았다는
아내는 꽤 얼굴이 고왔고 인정이 많아
미소를 잃지 않은 그녀를
미워하는 사람이 없는듯했다

어언 십칠 년 초장 집 굽이마다
매운탕 고춧가루만큼 매운 세월
날렵했던 몸짓, 라인 사라진 몸매에서
바닥을 짚지 않고 일어서지 못하는
아내를 볼 때마다
나도 세상을 떠난 어떤 시인처럼
제대로 아내 얼굴을 볼 면목이 없다
아내의 아픈 다리 통증
아이들 자양분이 되었다 하여도
세상을 향해 힘찬 발돋움할 수 있는
든든한 자식들 다리가 되었다 하여도
나는 아내에게 빚진 세상을 살았다.

눈물 핑 돈다

들어보면 소름 돋쳤다
우물 같은 눈샘엔 안개가 서린다
박진영 양현석 유희열
에스비에스 케이팝스타 오디션
양현석 와이지 정성환 군과
유희열 안테나 뮤직
신인 이진아 양, 자작곡은
봄볕 아지랑이보다 감미로웠다
그녀의 핑크빛 앵두 볼에서
이슬 뚝뚝 떨어지는 밤
노랫가락마다 촉촉이 물이 오르고
북받쳐오른 가슴 오르가즘 꽃이 핀다
한 편의 시를 읽고,
한 편의 시낭송을 해도
우리 언제 눈물 핑 돈 적 있는가!
봄싹처럼 어깨를 펴고
가슴 설레고 콧속 상큼한
한 편의 명시를 짓고
실개천 따라 흘러 흘러 풀린 강물처럼
머 언 바다로 가고 싶다
그리고 몇 개월 행복하였다고
별처럼 반짝이면 좋겠다.

바람과 벚꽃

꽃잎 떨어지던 날
구석진 곳마다 꽃잎이 휘몰려 있다
저 멀리 숨은 바람의 눈이
꽃잎을 바라보고 있었을까
눈처럼 쌓인 꽃의 여운
벚꽃은 지는 것이 아니라 떨어질 뿐이다
잠시 피었다 떨어질 꽃잎 사랑
바람은 기꺼이 달려와
달거리같은 꽃잎의 생리를 도왔다

아, 꽃잎은 낙하하는 삼천궁녀
떨어지지 않으면 어찌
꽃이라 하랴
떨어지지 않으면
어찌 꽃을 사랑하랴

잎 피우자
청 열매 맺은 사오월
약한 열매와 병든 잎을 가려내려고
바람은 저렇게 손을 내밀어
저토록 가지를 흔들고 있는가.

내 흉보기

집사람이
말도 참 할 줄 모른다고 한다
그런데 시를 쓴다
머리에서 말을 정결하게 정리할 줄 모르는데
시 쓰는 것을 보면
내 시는 적응적 착시를 현상한 것일지도 모른다
시와 말이 같은 결이 되기까지
아니 말과 행동이 일치되기까지
평생 시를 써도 옳은 시인되기는 글렀다

차분히 마음을 가다듬어
주제에 맞게 시詩를 다듬고
첨삭을 거듭하면 간혹 시가 될지 모르지만
말은 정리해서 하기보다는
순간적 감정이입이 앞서므로
말을 잘하기란 시보다 어렵다
해서 군자君子는
수양과 지혜는 들음에서 생기고
후회는 말함에서 생긴다
라고 했을까.

새벽시장

십오 번 버스는 오 분 간격으로 다녔다
부산 화명동 정류소에서 엄궁동 새벽시장까지 삼십 분 거리
새벽 품팔이 삶은 구포시장에서 내리고
나머지 손님은 대부분 엄궁 새벽시장에서 내렸다
식당 안주인들 같기도 한 사람들과
좌판을 놓아 생계를 잇는 이웃 할머니도 내렸다
유월 본두콩 자루를 인 아주머니도 버스에서 내렸다
본두콩은 몇 번의 손길이 갔었는지
껍질이 반지르르하게 잘 익어
쭈빗 쭈빗 망사 구멍으로 허연 목을 내밀었다

배고픈 시절 풀잎보다 먼저 일어나
새벽을 열어 지키던 어머니
시장 입구에서 수십 년째 불을 밝힌듯하다
일렬로 짝지은 지친 과일들이 손님을 기다리고
경매를 막 끝낸 채소류가 소매상인들께로 팔려 나갔다
낡은 트럭에 부식물을 싣는 횟집 김씨는
땀방울을 뚝뚝 흘리며 여러 채소를 사다 날랐다
새벽장 보러 나온 차들이 엉켜 주차장이 된 버스길은
경적을 울릴 때마다 조금씩 길이 열리고
어떤 노파가 성경책을 끼고 버스에서 내릴 때
새벽시장은 삶의 숭엄崇嚴한 설교를 하고 있었다.

친구에게

하얀 눈 헤집어 보리싹 뜯던
노루 눈동자에도 달이 뜨면
흙밭 어름 발톱 세우던 그 밤같이
창밖 냉기에 뿌연 입김처럼
시린 날 문득
눈빛 따스한 그 친구가 그리운 것은
뽀얀 달빛 떨리고 있기 때문이다

눈동자 유난히 흰 친구와 둘러앉아
풋보리와 더덕이며 잡은 가재나
알밤과 고구마 구워 먹여주던
사슴 눈을 가진 그 친구와 친구
자네들 예순도 훌쩍 넘긴 나이
천상의 별이 저토록 외로이 빛나는데
아무런 의문도 갖지 않느냐

친구야
팍팍한 살림살이 출렁일 때마다
멀리 떨어져 있어도 가까운 듯
너의 체온처럼 저 달과 별을 느끼는 것은
이 밤이 외롭고 추운 것이 아니라
어느 하늘 아래 내가 너희들과
가뿐히 숨 잘 쉬고 살아있다는
안부를 전하고 싶은 것이리라.

낭만적 침묵

비육소가 물을 먹고 젖을 짜면 우유가 나오지만 내가 펜으로 글을 쓴다 하여 시가 다 되는 것은 아니다 하지만 오늘도 시를 쓴다 김해시 진례면 진례로 팔십사 번지 유진식품 경비실은 지금 사방이 어둡고 적적하여 어둠을 밝히는 외등 한 개만 졸음을 쫓고 있다 캄캄하고 한적한 도로에는 뜸하게 사라지는 자동차 불빛 인적은 끊기고 대한大寒 추위는 절정을 이룬다 어둔 가지 위 몹시 흔들리는 까치집 찬바람은 옷깃을 파고들고 세라믹 전기온열 기구 한 개가 점점 떨어지는 기온을 힘겹게 버티고 있다 테라스 가설 지붕 녹색 비닐이 들썩이고 밤이 깊을수록 사내社內 여기저기서 횡 휘이- 귀신 소리가 난다 그나마 아내가 쥐여준 보온병 유자차 한 잔의 달콤함이 따뜻한 위안이 된다 이 엄습한 추위와 어둠의 적막 속, 혼자 형광등 불빛 아래 시를 써 본다는 것은 그래도 낭만적 침묵이다 쓸쓸한 시간을 떨쳐내기에는 그 얼마나 다행이냐.

뒤집힌 아침

오랜만에 눈이 내리는 아침
동면에 들기 전
짐승의 눈처럼
안경테는 탱탱하게 긴장했다
잘 보이지 않는 안경알을 닦으면
안경알 속 데생
한 편의 시가 되었다

안경테 밖 회색빛 하늘 아래
고요를 쌓은 눈꽃 송이들
꺾인 나뭇가지와
굽은 나뭇등걸 위로 밤새
하얗게 눈은 쌓였고
안경다리처럼 꺾인 가지 옆에 서면
거꾸로 낀 안경 같은 세상이다.

어머니

창밖 별들이 차랑차랑한 밤
티브이 가요무대 민요 가락이 흘러나오면
하늘나라 고운 우리 어매가 오신다
농투성이로 살던 삶
애간장 녹인 밤이면 민요 가락을 읊조리며
지친 노동을 달랬을 우리 어매
티브이도 전화도 없던 시절
호롱 불빛 아래 길쌈을 삼고
바느질하시던 내 어머니 삶
추운 섣달 따스운 옷 한 벌 갖춰 입었을까

무명저고리 긴 한숨 같은 옷고름
남몰래 찍어낸 눈물은 또 얼마던고
부지깽이 장단 맞춰 부르시던
그 한(恨)의 노래 저 민요 가락
가요무대로 되돌릴 수 있다면
둥실둥실 어깨춤 추며 함께 살고지고
아 그립다, 그립다 말하니
눈가에 배인 눈물-.

불꽃 될 어느 날

토요일 오후 아들 내외가 내려왔다
기력이 쇠해진 할머니를 요양병원에 모시겠다고 했다
할머니는 일찍 남편을 여의고
홀로 뒷바라지하여 일류대학을 졸업하고
사회적으로 성공한 아들을 자랑스러워했다
얼마전만 해도 텃밭에 채소를 길러
정성껏 다듬고 김치를 담가
택배를 부치곤 할 때 참 행복해 보였다
그러던 할머니가 거동이 불편할 만큼 몸은 쇠약해졌다
며느리가 말했다
"어머님 이렇게 편찮으시면 진작 말씀을 안 하셨어요?"
"응 그래, 이러다 말겠지 싶었는데
이번에는 좀 오래 가네"
할머니는 오늘 편히 요양하러 가시는 줄 알고
요양병원으로 가셨다
몇십 번을 아니 몇백 번을 돌아누워
베갯잇 젖도록 눈물 흘려야 꽃이 될까
화장장 순번 따라 불꽃 될 날만
기다리는 요양병원으로 가셨다.

동양란 東洋蘭

난실蘭室이 흠뻑 갈증을 풀쯤
때마침 소나비가 내렸다
사랑스런 애란愛蘭
어찌 사랑스럽지 않을까만은
천정부지 난 분이
마냥 좋아할 수만 없었다
올봄 돋은 신아新芽
연부병으로 썩을 때
삼대독자를 잃은 듯 시린 마음
씻어주듯 시원한 비가 내린다

잠시잠시 구름 사이 햇살과
잔잔한 음악이 흐르고
바람은 태극 잎을 흔들고 있다
발레 추는 난蘭잎의 곡선
어느 골짝 천둥의 마을
호피난 호젓이 의젓하고
거친 밭 환경에도
이슬 받아 목 축이던 산반중투
초승달 같은 꽃을 피우고.

덕德과 복福이란

천리교天理敎 길 속 진리眞理에서
사람은 혼魂의 덕으로 산다고 했다
가진 자 덕이 있다는 증거다
덕과 복 짓는 일
없는 자는 없어서 못하고
있는 자는 몰라서 못하고 알아도 아까워 못한다
있을 때 남을 도우는 것이 내가 도움 받는 것
도움 씨앗 뿌리지 않는 자
마치 저축된 통장에서 채우지 않고
뽑아쓰기만 하는 이치와 같다

사람은 누구나 성공을 바라고
행복하기를 원한다
하지만 마음먹은 대로 되는 것이 아니라
덕 그릇 크기만큼 되어져 온다는 사실을 모른다
실패와 성공에는
재수가 없어서도 아니고
운이 좋아서도 아니다
근본根本적으로 덕과 부덕不德에 있다
최선은 없던 덕도 생기게 하지만
게으른 자 있던 덕도 까먹는다

있을 때 없는 자 도움 주고
배려할 때 덕 그릇이 커지는 것
삶이란 조금씩, 조금씩이라도
남몰래 적선積善을 하는 것
선대先代가 뿌린 적선의 씨앗
대대손손代代孫孫 잘 살 수 있는 덕 그릇
가난하려야 가난할 수가 없다
덕과 복이란
마음 써온 대로 되어져 오는 것.

제4부

숲을 돌아서면 바다

그늘과 그늘

아이 얼굴은
늘 그늘이 드리웠다
언제나 말이 없던 그 아이
밥 먹었어, 하고 물으면
그늘의 미소를 짓던
그 아이

지금은 서울 어느 하늘 아래
아름드리나무 그늘처럼
가지 끝 무성한 빌딩 숲이 된
그 아이

내리쬐는 칠월의 태양 아래
잎이 그늘을 이룬 숲을 찾아
자리를 펴고 누웠다
그늘을 만든
한 잎, 한 잎 포개진 잎들이
그 아이를 닮았다.

석양夕陽 길

들을 지나 산길 넘어
해안선 곡선 따라 길을 걷는다
고즈넉한 갯마을 닿을 때
파도는 하릴없이
밀려오고 밀려가는데

모래톱 쌓던 아이
노을 물든 석양夕陽
아련히 바라보이는 수평선
갈매기울음 멀고
갈대숲 귓속 밀어
허허로운 바람이 인다

어둠 내린 어스름 길
길을 재촉하는데
잔물결 따라 비틀거리는 것처럼
바다에 빨려 들어갈 듯
가던 석양 길 나그네.

4대강江 배앓이

많은 비로 둑이 터졌다
물길은 바른길을 가고 싶었다
어제저녁부터 퍼마시던 강江
불협화음의 트러블,
저지대는 몇 차례 속이 부글부글 끓었다
제방 안쪽으로 메탄가스가 가득 찼고
원래 목적이 아닌, 목적의 돌들이
떨어져 나가 앓고 있다

둑은 며칠째 트림을 해댔고
몇 번의 방귀 소리가 들렸다
둑의 의사는 장염이라고 했다
배탈이 나 설사를 할 뿐이라고 했다
그러나 장염이 아닌 위암이었던 4대강
시원하게 싸고 싶었던 것일까

소화불량의 물길은 창자를 뚫고
복막염으로 시름하던 들판,
또다시 침수로 응급실 급한 환자처럼
목숨이 위태, 위태하다, 하지만
정치판 항문에선 용접봉
불꽃 튀는 냄새만 진동했다.

독도가 위험하다

A
독도, 한국령임을 선언한다. 양심 있는 일본 지리학자들은 말했다. 일본 고문헌 89종 관련문서에서 독도는 한국령임을 증명된 증거로 말했다. 한국의 고문헌에도 178종이나 독도는 우리 땅임을 밝히고 있다 동포여 우리 땅을 우리 땅이라 말할 수 없고, 우리 대통령이 우리 땅에 못가면 우리 땅이겠는가! 1951년 9월 8일 샌프란시스코 평화조약 반환 때, 한국영토리스트에 독도가 누락된 것을 일본 시마네현 고시 제40호에 의해, 독도가 주인 없는 땅이라며 일방적으로 현에 편입시킨 사실에 분노하며 오늘도 독도의 파도는 울부짖고 있다 칠천만 동포여! 떨쳐 일어나 외로운 섬 독도의 눈물을 닦아야 하리! 역사와 지리적 문헌으로 증명된바 있는 우리 독도는 1952년 1월 18일 이승만 평화라인에서 한국령임을 만천하에 재선포하였다.

B
아, 어찌 잊으리오. 저~ 1895년, '명성황후'시해를… 그 시해의 칼끝으로 다시 독도를 겨누고 있다 잔인한 아베의 우익 혓바닥으로 독도를 꿀꺽 삼키려 하고 있다 전 세계의 평화를 위협한 진주만 폭격, 2차 대전 피의 침탈자 망언은 새로운 원폭의 불씨가 될 뿐 온 세계인의 중죄인임을 잊지 말라, 그리고 근신勤愼하고 겸손하라. 대한민국 땅의 분노는 끝이 없어 하늘과 땅과 바다가 진노하노라. 런던하계올림픽 동메달을 따고 '독도는 우리 땅' 피켓을 든 우리의 장한 아들, 박종우 선수는 저 하얼빈 이토 히로부미 가슴에 총탄을 날린 '안중근 의사' 혼령이 깃든 것이리라. 독도 바다 밑에는 에너지 천연자원이 수백억 톤, 매장돼 있음을 우리 독도는 안다. 너희가 아무리 야심의 칼을 겨눠도 이명박 대통령이 우리 막내 독도에 표석을 꽂았다. 독도여! 긴장하고 또 긴장하여 더욱 강건剛健하라.

(註) 중앙일보 2013년 5월 2일자 〈독도 역사자료 정리 본〉 문헌 일부 참조.

시인詩人의 꿈

둥근 향나무는 그 자체가 시다
달을 품은 시인詩人은
늘 정釘을 맞을 준비가 돼 있다
보름달과 둥근 향나무는 지향점이 같듯이
시인은 향상 마음속 원을 그린다.

각이 없이 둥글게 마름된
한 편의 시 작품은
조지훈 박인환 천상병 서재에서나
문학관에서 둥글게 빛나
그윽한 빛을 한없이 비추므로
그 향기에 취해 몇백 리를 달려왔다

임들의 작품에는
별빛 같은 섬세한 탁마琢磨와
은하수 같은 언어로 빛나,
그 보석의 광채는 온갖
은유와 묘사의 이미지로 탈고한
은은한 달빛이다

진주알 같은 시적 언어를 주워
잘 괜 세공으로 반짝 빛나는
어린 언어를 먼 품으로 보내도 좋을
눈 맑은 자식 하나
그 달빛 그늘에 젖어 둥글고 싶다.

입춘소고 立春小考

대천천川 다리 아래
반짝 햇볕을 받은
은 양철 얼음 지붕 밑으로
또르르, 또르르 물방울이 구른다

아이들 버들강아지처럼 재잘대며
다슬기와 가재를 잡던
도심 속 대천천
피라미 떼 지어올 듯하고
짝을 부르는 텃새 눈망울 속으로
입춘대길立春大吉이 깜박이고
짹짹 짹 소리도 움튼다.

새들의 나침반 어디쯤

노을이 물들자 비비새 한 쌍이 포르르 날며 강물을 거슬러 둥지로 돌아가고 있다 바람이 강을 건너자 휴대폰 라디오에서 흘러나오는 소나타 교향곡 제1악장도 끝났다 잿빛 속으로 투영된 노을이 먼 산을 넘으며 희미해진다 비비새가 물고 온 어둠 속으로 내 유년의 초가마다 환히 불을 밝힌다 구름을 스치며 바람을 타고 넘는 기러기가 북위 43도 가로세로 눈금마다 별을 박는다 길잃은 구름 떼가 양 떼처럼 몰려온다 달빛 속으로 유목민의 쿠르나 말머리피리 소리가 말과 양 떼와 구름 떼를 몰고 간다 나의 마음도 그 창공을 어느 계절인지 밤인지 모를 나침반 어디쯤 빈 허공 기러기를 따라 날고 있다 날고 싶었다.

(註) 쿠르나 말머리피리 : 몽골의 클래식한 전통악기로 민속 노래를 부을 때나 말馬을 몰 때 연주한다

뱃머리 풍경

용원 안골 포구는
아늑하고 정다워라
거제 장목으로 떠나는 연락선
떠나는 사람
떠나보내는 사람
흔들어주는 손 인사
여객선 승객 마음은 벌써
갈매기처럼 날개를 단다

저 멀리
떠 있는 양식장 하얀 부표 위에
점, 점이 은빛 날개 접고
한가로운 시간만 쪼고 있던 갈매기
만선 고깃배
뭍으로 돌아오는 해 질 녘이면
노을 속으로
갈매기 한 무리 날아올랐다.

(註) 김해 용원 안골 포구에서 가덕도, 거제 장목으로 여객선이 다니던 때가 있었다.
거가대교를 놓고 섬이 육지로 이어진 뒤로 이제는 볼 수 없는 풍경이 되었다.

순천만에서

갈대꽃 흐드러진 저 멀리
오, 광활한 순천만에는
숨바꼭질하는 게들의 고향
도요새 사랑도 무르익어 낙조는 붉고
고추잠자리 맴돌아
갈바람은 또 어디로 부는가

실려 온 파도 소리 섞어 들리는
머 언 수평선 넘어
내 그립던 그대 마음같이
사랑하던 임이 살고 있을 것만 같아
이러한 날 손꼽아 기다려도
아니 올 당신을 기다려 보는가

황화黃花에 붉게 물든
홍조 띤 서녘
아, 언제쯤 또 순천만에 오리.

복숭아

손바닥 위에
잘 익은 노을을 벗긴다
가을 품은 속살
다디단 눈물
그 처녀성 같은 과즙을
핥아먹는다

꽃잎 맺힌 봄부터 예비된
복숭아 붉은 볼
노을빛으로 물들기까지
은밀히 간직한
순결의 껍질을 벗기면,
청렴한 여인 옷 벗는 소리 들리고
눈물 흘리는 울음이 보였다
뚝뚝 방울, 방울
복숭아 눈물 뚝 뚝!
눈물 닦으며 생각에 잠긴다

(……)!

또다시 한 입 깨물면
주르륵
눈물 뚜욱 뚝 떨구는
복숭아 여인.

허무

고종누이의 죽음

어지럽게 흩어져 온갖 것이 방안 가득 숨 쉬는 듯 죽은 듯이 하여 하물며 걸레 조각 같은 것까지도 살아 움직이듯 하는데 가슴팍을 질금질금 누르던 안개비 너머로, 머 언 아이들 재잘거림은 누구의 목소리입니까 소곤거림이거나 울음이거나 혹은 웃음이거나 노래였다 하여도 빈집 공간은 여기 그대로다 멋지고 세련된 뭉게구름같이 피었다 사라져 버린 허무여 여기 선풍기 바람개비처럼 세월은 늘 맴을 도는데 아침 안개가 흰 장막을 거두게 되면 아, 나는 두렵다 세상 속 아름다운 꽃들과 새들의 지저귐, 아이들 착한 웃음소리가 두렵다.

마음의 상처

그즈음, 흘러간 구포 낙동강 물
대한해협까지 섞인 지 오랜데
혀끝에 베인 상처
아물지 않네

칼끝보다 더 날카로운 칼끝으로
자존을 찔리면
심장이 멎은 고통,
죽은 자의 가슴처럼
한 자리 원죄 같은
뿌리가 내리고
분노의 잎들은 칼끝보다 강하다

어느 흉측한 김 여인의
삼류 혀끝의 칼,
칼끝의 상처는
박제된 가슴을 열어
거울을 비춰도, 박힌
혓바닥 화살은 뽑히지 않는다.

풀꽃 시계

누가 켜고 갔을까
클로버 풀꽃에 등불 밝힌
곱게 접은 붉은색 딱지편지 하나
까치밥 같은 사연
풀밭 풀꽃 속에 꽂아두고 떠난 빈자리
흰나비 한 마리 날아와 앉았다

오늘따라 초원에 핀 등불 같은 편지
서면 쥬디스태화 광장 앞
광우병 미국산 쇠고기에서 비롯된,
타다남은 집회 촛불 같기도 하고
장미꽃보다 정열적인 한 소녀의
얼굴 없는 시위대 소망 같기도 하다

길섶 전봇대 까치 바람개비는
시간을 힘차게 돌리는데
귀 기울여도 들리지 않는 풀꽃 시계,
멈춰버린 시간에 흰나비는 속 편지를
읽지 못하네 째깍 째깍
풀꽃 시계는 소리가 나지 않는다.

해수욕장에서

브래지어 삼각팬티 비키니
두려워하지 않네
삼각관계 이중적 사랑
어느 놈 가슴 아프게 하지 않았다면
벗고 벗어봐
내장이 훤히 보이는 물고기처럼

실오라기 하나
걸치지 말고 홀라당 벗어봐
속마음이 새까만
거짓 사랑 위선자가 있나 보게

해수욕장 비키니들
마음속을 꿰뚫어 볼 수 있는
청진기를 하나씩
가슴에 달아주고 싶다.

놋그릇

하늘도 아파질
오랜 녹태의 끝

지난밤
이팝꽃 소복이 쌓인 길이 열렸다

숟가락 퉁기면
얘야, 하고 울리는

할머니 목소리.

협죽도

독毒이 머문 땅은 죽었다
매서운 맹독을
껍질 속에 감춘 협죽도,
어느 신변에 독설을 뱉을 줄 아는
독거미 같아서
가당찮은 꼬리표를 위해
이력도 스스럼없이 기만할 줄 아는
삼류 정사 소설 같아서
협죽도 과거의 뿌리를 캐
이력의 껍질 옷을 벗겨볼 일이다

여느 땐 요염한 눈웃음으로
홀리는 눈빛이
하류계 홍등 같아서
협회 단체 숲 굵은 나무에
애정의 눈빛을 보내면
그것이
협죽도 독인 줄 숲은 모른다

띄엄 띄엄 오염된 숲 벨트가
소나무 재선충처럼
멀리서 보면 제법 가을
단풍으로 물든 것 같아서
숲 전체가 착각에 빠질 때
더러 당해 본 굵은 나무들은
협죽도 쓴 껍질을
씹은 맛을 비로소 깨닫는다.

노란 눈물

故 노무현 대통령 영전에

저-기
하얀 뼈를 들어낸 사람이 걸어가네

부엉이 바위를 맴도는
가여운 영혼靈魂이여
당신의 영혼을 위해
오늘 목탁이라도 크게 쳐보자
가슴 떨리는 날에는
찬송가라도, 소리 높여 불러보자
쓰린 아픈 영혼을 위해,

충격적 서거 앞에
우리 모두는 망연자실 노랗게 물들었다
입이 듣고 얼어
귀가 말하던 청와대 기득권도 한없이 부끄럽다
아무개 좁쌀은 가라, 껍데기도 가라
조중동 보수권도 가라
내 슬픈 시詩도 가라

죽음 앞서 잡초를 뽑은 큰손
기어이 떠나보내고 깨닫는 어리석음
우리는 그냥, 그냥 바보처럼
미안합니다, 미안합니다
당신을 못 지켜드려 죄송합니다
노란 눈물로, 노란 눈물로.

시를 써보게

영리를 위한 시간
너,
이제 그만
나를 놔주렴

저 텃새 마음으로
시를 써보게
저기 달빛 양심으로
시를 써보게

별 없는 밤
목마 타듯 뒤뚱이는
실험시처럼

저기 저 진달래
내 시詩에다
욕을 해댈지 모른다.

제5부

잎 떠난 자리

너는 뭘 봤니

돌아가는 컨베이어벨트 속에
지구의 원심력이 있다
그 원심력을 이상적 세계라 해두자
지구의 지표면은 세월의 벨트다
땅 위에 얹혀살다 깊어진 경륜의 뿌리
땅속 원심력과 연동連動돼 돌아가고
때 묻은 세월과 나이테 같은 일상이 돌고 있다
십삼 층 아파트가 빠르게 돌아간다
새로 지은 빌딩도 뿌리를 내리고 돌아간다
아니 돌아가는지 전혀 느끼지 못했다
느끼지 못한 것은
너도나도 함께 돌고 있기 때문이다

스크린 골프장에는 그린이 펼쳐지지만
정작 그린이 아닌 것처럼
신호등 정지선에서 옆 차가 먼저 가면
내 차가 뒤로 후진하는 것처럼
착각도 정상인 양 망각할 때가 있다
하루하루가 세월의 수레바퀴처럼 돌고,
돌아 컨베이어벨트 위에서 망각하며 돌고 있다

수레든 벨트든 바퀴든 스위치를 끄기 전
삶이란 이름으로 돌 수밖에 없다
돌아가는 이쯤에서 빌딩들이 자랄 동안
너는 뭘 봤니.

사랑하지 않겠습니다

사랑하는 사람아
사랑했기에
사랑하지 않겠습니다
당신이 아파할 사랑이라면
사랑하지 않겠습니다

죄가 된 사랑처럼
만날 수 없는 사랑이라면
당신의 푸른 신호등이 켜질 때까지
기다릴 수 없는 것이 아니라
골목길 된바람 소리 같은
당신의 헛기침을
사랑하지 않겠습니다

다만, 당신이 그리운 날은
물거울을 보면서 물결의
작은 파문에도 흔들려도 보고
따뜻했던 만남의 흔적만
기억하겠습니다.

오버올 안드레

금의환향 꿈꾸는 오버올 안드레
꿈일 뿐인 꿈을 오늘도 꿈을 꾸누나
그는 잠꼬대 같은 꿈이라도 꿈이 있었다
꿈을 꿀수록 좌절하는 오버올 안드레
호박꽃처럼 그의 꿈은 순박했다
열심히 제품을 생산할 때 너희들 꿈도
이뤄진다는 대표이사의 말은 거짓에 가깝다
비엠더블유BMW 외제 승용차를 굴리며
닳으면 갈아 끼우는 부품쯤으로 부려,
그 부富로도 성이 차지 않아
노동자 저임금 피를 빨기 위해 꼬드기지

바위처럼 굳은 피라미드 연공서열
약삭빠른 술수와 아첨과 아부로 의로움은 죽고
거들먹거리는 이력만 살아남았다
일용직 꿈은 꿈일 뿐이라고
변두리 3D공장에선 그런 말이, 말이 된다
오버올 안드레 비정규직
파리 떼 낮잠 깨우던 꿈속이라도
꿈이 있다면 어디든 떠나거라.

(註) 오버올 안드레 : 아래위가 붙은 작업복을 입은 안드레 외국노동자를 칭함.

자리를 지킨다는 것은

나는 보았다
연구하고 논문 쓰고 강의하는 교수나
학점을 위해 리포트를 쓰고
학위를 위해 시간을 쪼개는 학생이나
자리를 지켜낸다는 것은 참 힘겨운 일이다
공장에서 뜬 밤을 지새우는 기능공도
흙을 갈아엎던 우리의 부모님도
땀이 향기롭다기보다 소중함을 알기 때문이다
장사꾼 머니는 개도 못 먹는다는 설,
그렇다 노동자의 수익도 엽전보다 짜다

잔잔하던 바다가 폭풍이 일듯
인생사 때때로 파도가 앞을 막을 때
결정해야만 되는 순간, 순간을
어느 판사의 판결에다 비길까
생生이란 옳은 판단만 있을 수 없기에
실패를 해도 그까짓 것, 팔자八字라고 체념하며
견디기 힘든 일을 감내하는 것은
제자리를 지키겠다는 결연한 다짐 때문이다
물목 초장 집 활어회 한 접시는 통통 부은

아내의 발등일 수도 있고 어깨 통증일 수도 있다
한 생生, 바다의 출렁이는 파도 같아서
평범한 삶이라도 잔잔한 바다 얼마던가
저마다 자리를 지켜낸다는 것
그들만의 비린 냄새가 향기롭지 않는가.

잎 떠난 자리

우리 아파트 그린공원
정수리 잘린 덩치 큰 묵은 은행나무
옮겨 심은지 2년쯤 되었나!
이끼 낀 세월을 옮겨놓은 듯 생뚱하다
잘 살아야 할 텐데
지난여름 내 염려가
잘 뻗은 햇가지마다 황금빛 하트 이파리
진노란 빛으로 반짝인다

순간 햇볕 받은 순음脣音의 엽서들
스산한 갈바람 불 때마다
한 잎 두 잎 떨어져 날아
어디론가 갈 곳 있는 듯이 사라지고
뭉텅뭉텅 입술을 떼어준 엉성한 가지 사이
살짝 구름에 가린 햇살 고개를 내민다

공원의 작은 돌멩이 한 개도 은행나무도
한 모퉁이 풍경으로 정겹다
한해를 잘 보냈다고 안도하면서
은행나무 노란 잎이 떠난 빈 가지
내년 봄에도 새순의 성장과 여름 비바람을
도란도란 예단하고 있는듯하다.

살아있다는 것은

끝없이 펼쳐진 풍경을 보는 일은
살아있다는 증거다
날지 못하는 저 새에게는 풍경이 똑같다
저녁 어스름 모래바람 불고
날지 못하는 한 생명의 새
생명이 다하기 전 날개를 퍼덕이고 있다

날아가는 저 철새 기러기 떼까
가창오리 떼까
잘 모르겠지만
어디로 날아가는지 날아간다
닿을 곳 없이 날지 않을진대
날지 못하는 저 새 무리 속으로 날고 싶다

하늘 높이 멀어져가는 저 철새
원을 그리며 다시 되돌아올 것이다
어쩜 몇은 죽음에 이르는
저 새처럼 되돌아오지 못할지도 모른다
날아간다는 것은 목적적 갈증이다
살아있다는 것은 머무르지 않는다.

절집 앞에서

그 무덥던 지난여름
감나무밭 뒤뜰을 지켜내던
키 큰 미루나무, 어느덧
누런 이파리 나비 떼처럼 불러모은다
절집 어귀 동네아낙들 웃음소리
몇십 년 멀어진 지금
넓혀진 아스팔트 갓길 몇 송이
코스모스만 눈웃음친다

산기슭 절집 앞 계단식 감나무밭
햇살 투시된 파란잎 사이로
가지마다 주절, 주절이 열린 붉은 대봉감
침샘 자극했던 그 달콤함으로
옛적 홍시처럼 한 개 따 먹어봤으면!

시멘트처럼 굳어버린 추억의 거리
낯익던 그 친구와 사람들
묻혀버린 세월 속으로 오갈 데 없는 폐가
되돌리기엔 너무 가물가물한 기억
자갈흙 하굣길을 회상하며
한적한 아스팔트 길섶에서, 나는
가을 배려에 안겨 시詩 한 수를 적는다.

봄날 오후

매화 향기 길목엔 꽃샘바람 불고
먹구름 사이로 얼핏,
얼핏 파란 하늘이 보이고
벚나무 꽃잎 날아 담 밑에 쌓였다
은행나무 새싹 가지마다
햇병아리 눈망울처럼 움트고
까치 한 마리 둥지 지을 곳을 찾는다

짝 잃은 직박구리
괜스레 목련 꽃잎을 쪼고
눈시울 적시는 듯 허공을 바라본다
낮잠 자던 멍멍이 밥그릇
밥알 훔쳐 먹던 참새 떼
화들짝 놀라 향나무 숲으로 숨어들어
되레 짹, 짹 큰소리친다

청록잎 우듬지
동백꽃 짐승의 심장처럼
섬뜩하게 붉더니만
날마다 들려오는 정경유착!
회오리바람처럼 뱅 뱅 돌며
하얀 벚꽃 하르르 날던 날
티브이 뉴스마다 어지러운 오후.

그런 아이가 있었다

초등학교 운동장이
제일 넓은 줄 알았던 아이가 있었다
학교 앞 버스 자갈길이
제일 넓은 도로인 줄 알았던
아이가 있었다
동네 힘센 삼촌이
힘이 제일 센 줄 알았고
서울에서 내려온
김 사장이 돈이 제일 많은 줄 알았고
그렇게 키가 작은
박정희 대통령이
제일 키가 큰 사람인 줄 알았다
나이만큼 자란 마음으로
다시 옛 진달래동산에 올라보면
학교 운동장이 손바닥만하다.

방바닥

자동차가 우릴 싣고
언덕 위 붉은 전등이 달린
펜션에 도착시각은 십구 시쯤 됐다
대접받은 짜릿한 술잔 속
달은 보이지 않아도
별은 보이지 않아도
나는 훤한 달과 별을 보았다

따뜻한 방바닥에서
어제저녁
아무 일 없는 듯이
아침을 먹고
저 햇살처럼
능청을 떨 수 있는 것도
모두 방바닥 덕분이다.

화해

불길이라
화마는 참 불쾌하고 불길하다
담뱃불일 거라고 했을 뿐
금곡 뒷동산에 원인 모를 산불이 났다
바람은 일어
여우꼬리 같은 불꼬리가 능선을 타고 올랐다
그리고 미친 듯
흔들리는 생목生木을 마구 집어삼켰다

불길, 할퀴고 간 등산로
새까만 겸손이 고개 숙인 땅
용오름으로 피던 연기 속으로
까만 겨울이 지나고
아침 산그늘 걷어 올린 봄 햇빛

그늘진 시꺼먼 땅에서
양지쪽 바라보는
두어 송이 연보라 제비꽃,
화마와 화해의 손짓이라도 하듯
파릇한 봄풀들이 돋고
건너편 능선 진달래 꽃물이 환하다.

미물

우뚝 어둠이 멈춰선 자리
미물이 울었다
춥고 배고프니
할 수 있는 것이라고는
그냥 울음뿐이지
소리 높여 울부짖은 저 길고양이
사람들을 향한 마지막 통곡일까

쓰레기통 뚜껑마다 인심은 사나워
배고픈 추운 한계점 섣달
어둠을 가르는 저 혼魂의 울음소리
숨긴 발톱만큼 섬뜩해서
졸리던 눈꺼풀이 파르르 떨릴 뿐
아무것도 해줄 것은 없고
나는 그냥 책장만 넘긴다.

예순다섯 되면

예순다섯 나이는
케이티엑스KTX 옆자리에
예쁜 여성이 앉아도
사월 경북 청도 복숭아꽃만 보였다

원망하던 것도
미워하던 것도
욕심부리던 것도
다 부질없는 것
오송 뜰 하얀 배꽃 보면 안다

사월의 꽃들과 초원
다투지 않고 피듯
온갖 물감으로 채색을 더해가는
들판과 산
풍경 속으로 동화되는 마음
예순다섯 되면 안다.

전야제

짝 찾던 참새가 짹짹, 짹 이른 봄을 깨운다
사뿐사뿐 봄바람 새색시 버선발 같은
걸음걸이마다 개나리꽃 춤추고
목련 꽃잎 뚝뚝 떨어지는 날,
흰둥이가 정오 하품을 하고
벚꽃은 가지마다 화관을 둘렀다

뭐가 뭔지 알아버린 나이의 할애비는
봄이 와도 상큼한 달래 향 같은 향기가 없다
세상은 그저 싱겁고
마음은 시큰둥하여
파릇한 봄빛이 좀체 되살아날 줄 모르는
우중충한 그런 날에,
초등교 총동문회 초대장 한 장
상큼한 느낌으로 파르스름한 봄풀이 핀다

어제는 전야제였지
풋풋한 초등 아이가 되어보는 것이
노래 부르고 춤 추고
마시고 뛰고 취해
가는 세월을 또 붙잡아 보았다
전야제를 생각하면 입가에
소년시절 연둣빛 미소가 번진다.

K 님에게

붉거나 노란 단풍으로 늙을지라도
상처 입은 동백꽃 잎처럼
쓰린 마음으론 지진 마세요

꿈을 저버리지만 않는다면
한 사람쯤!
가슴 깊이 간직하고 사는 것도
늙어 약해지는 생生을 지탱할
불씨를 놓치지 않는 것과 같아서,
웃음 띤 오월 장미는 아닐지라도
늘 꽃길같이 든든하겠지요

저 또한
불편한 가시가 아니라
오래오래 소중히 키울
꿈 하나 있어
행복한 시월이라고
나에게
말할 수 있어서 좋습니다.

헛웃음

터미널 화단 무더기로 핀 빨간 상사화
그리운 임 향한 마음 달랠 길 없어
소박맞은 여인처럼 헛웃음이라도 웃나 보다
짬의 시간만 나면 사람들도 헛된 잡담이나
헛웃음으로 공허한 시간을 포장한다
출근길 통근차를 기다리다가 잠시,
눈에 띈 일흔 넘어보이는 저 사람
연륜만큼 점잖아 보이지는 않네

길커피를 마시며 우쭐대는 어깨
기능을 보유한 능력자의 거만스러움
그의 앞에 머리 조아리며 아첨하는
한 직장 동료로 보이는 하얀 파뿌리들
자식 키우느라 노후준비 못한
갈 곳 없는 늙은이들 내 신세나 다름없다

지난 젊음 한 때 세상을 풍미했을
우수에 젖은 저 허 허 헛웃음,
여태껏 살며 마음의 상처 하나
말 못 할 사연 하나 없겠냐마는
저 나이에 가정을 건사하고
일할 욕심으로
속마음 숨긴 안타까운 헛웃음.

선진국 정의

언제 우리 어른이 될 수 있을까
남을 나같이 도우는 것이
내가 도움받는다는 것을
언제쯤 깨달을 수 있을까

우린 언제쯤 진정 철이 들 수 있을까
신뢰와 믿음이 있는 세상
양보와 배려가 있는 세상
육체가 아닌 마음의 성인成人
언제쯤 될까

선진국은
돈이 많다고 되는 것도 아니고
학문學問이 높다고 되는 것도 아니다
우리 모두 진정 배려가 있는
어른이 될 때
선진국이라 말할 수 있다.

부끄럽지 아니한가

혁명처럼 촛불이 뜨겁고 뜨거웠다
최 모씨의 국정농단으로
온 나라가 IMF 환란 때보다
더 어렵다고들 한다
제18대 대통령을 뽑은 국민은 물론
뽑지 않은 국민까지도
국민 된 죄로, 죗값을 치르는 것 같다

우리 동네 조경관리가 잘된
소나무 가지를 관찰해보면
1년에 3센티, 2년에 6센티,
3년을 자라도 10센티 남짓 자랐다
부정한 재물이 웃자라면 꺾일 수밖에 없지
액운이 덮친 국정, 대한의 국운國運이다
국민이 받아야 할 고통과 괴로움
누구의 책임이며 누가 책임질 것인가

짓밟힌 뜰에도 봄은 오는가
잎새에 이는 바람에도 나는 괴로워했다
질곡의 잃었던 회한의 역사 앞에
옹이처럼 박힌 괴로움도 참아냈던
겨레 앞에 부끄럽지 아니한가

기실 우린 무엇을 원한 적도 없고
원하는 쪽으로 가려하지도 않았다
그저 오가고 싶은 지도 모를 의식으로
여기까지 왔을 뿐인데
바람은 또 왜 이다지도 허허로운가.

⒠ 이상화, 윤동주 시 일부 행, 인용
⒠ 이 시는 매스컴의 뉴스를 이미지화한 작품으로 작가는 시대를 반영하여 시작詩作을 했을 뿐,
 정치적 목적으로 시를 쓴 것은 아님.

하루 또 무직

아침 햇살을 맞이하는 것은
하얀 백지 한 장을 받아 든 기분이다
오늘도 나는
주어진 백지 위에
어떤 그림을 그려야 하나
그것이 보잘것없는
한 점 그림이 될지라도
아직은 그리기를 멈출 수 없다

하루, 또 하루 무직
세월에 무뎌버린 정신
깜박 깜박이는 기억
건강했던 어깨의 통증과
무릎관절이 아픈 것이 아니라
무거운 마음이 아프다
아, 먼 산은 어느새
능선마다 푸른 생명들로 넘쳐나는데
백지같은 하루가 통증을 느낀다.

제6부

가을에 남긴 시詩

아가의 탄생

남손男孫을 얻으며

깊은 심해의 바다
캄캄한 새벽 바다
저 수평선 바다 밑에서
산통을 겪고 붉은 해가 돋는다
동쪽 어디선가
하늘 문 열리고 생명을 점지해주신
첫 호흡의 울음소리
응애 응애 우렁찬 울음의 첫 일성,
울음도 기쁨을 주는 울음도 있구나

오, 원시림에서 들려오는 듯
아가의 울음소리는
일찍이 경험해보지 못한
한 편의 감명 깊은 명작 시詩의 시원始原
방긋방긋 웃으며 앞산에 솟는
햇덩이처럼 손자孫子를 보았다
오늘 나는 평생 읊어도 좋을
시詩 한 편을 하늘로부터 얻었다
감동적인 집안 경사다.

무전無錢 여행길

태풍 이후 무전無錢으로
섬진강 지나 구례 곡성 가던 날
이어져 있던 길은 깊게 패어져 있고
들판을 가로지른 전봇대 꼭대기와
전깃줄에 걸쳐진 폐비닐 조각
깃발처럼 펄럭이고 있었다
땅거미 진 낮은 들녘은 물을 담아
넓은 밤바다를 연상케 한다
쉬어갈 마을은 수십 리 밖
저 멀리 섬 같은 불빛 몇 개가
아득히 반짝이고 있었다

점점 밤은 깊어가고
하룻밤 잠잘 곳은 없다
들판 가운데 풀을 베어 산더미처럼
쌓아둔 두엄더미를 파헤쳐
비닐을 깔고 한 자락은 덮고 누웠다
발효되는 두엄에서 열기가 올라와
온돌방처럼 따뜻해 행복했다
깜깜한 밤하늘은 차디차게 별이 빛나
나를 빤히 내려다보는 것 같다
별과 얘기하며 깊은 숙면에 빠졌다.

낙엽

푸르던 잎 시오리 길
노을 같은 낙엽 우수수 지면
산마루 언덕에도
강마을 불빛처럼
볼그레한 달빛이 익는다

오늘같이 쓸쓸히
객지서 올 아들의 편지를 기다리며
사립문을 서성이셨을
어머니 뺨 위로
눈물 자국을 닦아주던 그 엽서처럼

떠나는 낙엽, 집시의 기억 저편에
따뜻했던 여름날의 이야기가
물관처럼 숨을 쉬는데
벌써 빨간 울음과 웃음을 흩뿌리며
길을 떠나고 있다.

영남알프스
초등교 24회 산행

봄부터 제 살을 불리던 계절
비너스보다 매끄러운 능선을 지었다
붉은 단풍 곱게 물든 만큼
초록 이파리 뙤약볕 여름 선탠 때문일까

석남사 가는 길은
배암처럼 꼬물꼬물 기어간다
산길 따라, 계곡 따라
오색불꽃 활활 번져 넓혀 타고
인산인해 차량 행렬
자유의 여신상도 부러울 자유
산이 불러줘 산에 안겼다

저 동쪽
정기精氣 어린 신불산 꼭대기
사자평지 갈대숲 넘어
사자봉이 포호咆號하고
서북간 가지산 튼실한 어깨와
서남쪽 팔등신으로 뻗어가는
제악산을 보라.

오, 친구여 초등 친구야
오늘만큼은 시름일랑 밀쳐두고
한잔하게나
가을 만행萬幸이
어찌 즐겁지 아니한가.

(註) 1979년 도립공원으로 지정된 가지산은 영남알프스라 불리며
경남 밀양, 양산, 청도, 울주군에 걸쳐있다.

한강 다리에서

신용불량자

때 묻은 얼굴에
바람이 스친다
흔들리는 것이
어디 옷자락뿐이랴

물살에 할퀸 모래톱
떨리는 푸른 심장
갈대처럼 누렇게 흔들렸다

서리꽃 달빛
검은 강물 속으로 파고들 때
바람 끝에 선 너,
휘파람새 울음소리를 타고
획, 강 깊이
그림자처럼 날았다

반짝이던 별들도
구름에 가리운다.

늙는다는 것

해마다 같은 낙엽이 지고
앙상한 바람결에도
나무는 아무 거리낌 없이
나이테를 돌리고
또 한해의 살이 통통하게 쪘다
해가 바뀌어도
노을은 피고지고
낯설지 않은 저 산과 들과 강
그 자리 그대로다

오래된 친구나
친척들이 오랫만에 만났을 때
악수를 서로 하며
"영 몰라보겠다, 이제" 한다
늙는다는 것은
서산에 저무는 해가
가지 사이를 맴도는 바람이
살을 불린 나무들이
산과 들과 강과
저 노을빛이 한 번 더
나를 낯설어함이다.

빈집

갈바람은 썩은 울타리를 빠져나가고
고추잠자리 한마당 놀고 있다
해 질 무렵 아버지는 마른 장작을 메고 와
쇠죽을 끓이며 군불을 지피던 곳
서까래마다 그을음과 거미줄의 거미집
댓돌에는 휭하니 바람만 스친다
녹슨 양철 대문 삐걱거리는 소리 어매 목소리 같이
드나들고 있다, 아래채 곳간 가마니를 짜던
덜커덩 바디 소리와 할아버지 기침 소리 멀어진 빈집
회오리바람 따라 지푸라기와
붉은 감나무 잎이 뒤섞여 날리며 술래잡기를 한다
외양간 암소와 수탉이 암탉을 거느리고
홰를 치며 정오를 알리던 마당엔
잡풀만 가족을 불리며 겨울 채비를 하고 있다
산 그림자 내려와 엷은 어둠이 깔릴 때까지
텅 빈 우거寓居를 멍하니 바라보다
적막을 깨우는 풀벌레 소리에 발길을 돌렸다.

사람이 길이다

사람이 다닐 때는 길이 길게 누워있었다
작년 성묫길, 잡초가 우거진 길은
길을 분간할 수가 없었다
풀과 가시 등걸과 돌덩이를 걷어내고
자갈흙을 펼쳐 넓고 편안하게
걸을 수 있는 흙길이 되기까지
누군가의 땀방울에 감사한다

걸어갈 수 없는 묵은 길은 길이 아니다
소통이 안 되는 마음의 길도
잡초가 우거진 길과 같아서
원망이라는 바위와 칡덩굴 같은
서운함과 잡풀의 오해를 걷어내면
훤히 뚫리는 길을 내는 것과 같다

마음에 길도 통하면
먼 곳에 있어도 가까운 곳과 같고
마음도 막히면 묵은 길과 같이
가까이 있어도 먼 곳과 같아
우리는 묵은 길 위에서
혹은 마음의 길 속에서
길을 헤매고 있는지 모를 일이다.

사진을 찍으며

노오란 세상
빨간 세상이
한 계절 하늘지붕을 이고 있다

사진으로만 보아
노란 개나리 울타리
감나무 빨간 홍시
딱 합성사진이라 하겠다

카메라 속 계절이
봄인지 가을인지
햇님도 갸우뚱하겠다.

부끄럽다

비로소 부끄럽다
마음의 길을 달려
한 생 살면서
행한 마음이 부끄럽다
저 푸른 소나무에게도
부끄럽고
들에 핀 산국에게도 부끄러울 만큼
잘 살아놓지 못했다

살아있는 온갖 것들
이 한 몸
생명 이룰 뭇 것을 취하고도
부끄러운 줄 모르고
살아온 마음이 부끄럽다

내 삶의 건강을 위해
내 눈의 욕망과
내 풍요를 위해
목숨을 바쳐 희생된 뭇 것들에게
미안하고 부끄럽다.

손길

추워지면 사람들에게
두툼하게
옷을 껴입어라던 바람
추울수록 나무들에겐
색동저고리 단풍 겹겹이 벗기고 있네

찬바람 몹시 불던 날
드러내는 나신의 가지 사이
바람이 이르는 말
새 옷 갈아입히기 위해
헌 옷은 벗길 수밖에 없다는
어미 같은 손길.

철새와 서낙동강 추억

수련 같은 둥지를 틀고 뜸부기 논병아리가 새끼를 품어 길러내던 곳, 떼 지은 철새 시린 물풀을 헤집으며 먹이를 찾던 서낙동강, 스티로폼 부표처럼 하얗게 둥둥 떠 있던 한 무리 철새 고니 떼였을까 어느새 끊어진 방패연처럼 노을 물든 하늘 끝에 가물거린다

그늘이 좋았던 서낙동강 다리 아래 낚싯대를 드리우고 주름 깊이 근심을 낚던 강태공 어디로 갔을까 직장이라도 잡았을까 옛적 어렵던 시절 이야기 아직 다리 밑에 들리는듯하다 마른 갈대숲을 헤집고 다니는 길고양이 눈동자 속에도 봄은 오고 뜸부기와 논병아리가 다시 돌아올지 모르지만 지난 얘기처럼 여름 갈대숲이 또 무성하리라.

신호등

정지선 앞
붉은 눈
세상 배회하던 혼불
교차로에서 신호가 교차할 때마다
저 세상에서
이 세상 끝을 밝히는
제사장祭司長 눈빛 같다

허공 속, 사거리 신전神殿
어둠 속 어둠 저쪽
붉은 신호는 저 세상
파란 신호는 이 세상
신호등 의식은 긴장되고 쉴 틈이 없다
파란등이 켜지면
압축된 용수철이 튀어나가듯
저 세상에서 이 세상을 달리는 자동차 불빛
새까만 어둠 속으로 다음 신호등까지
혼불을 싣고 달린다.

비오는 밤

비 올수록
따뜻한 방안은 호젓한 둥지가 된다
비오는 밤에 배고픈 짐승이 서럽게 울면
방안은 더 따뜻한 품속이 된다
침묵 속, 귀를 쫑긋 세워 들어도
조금전 울던 미물이 울지 않는다
어둠과 비오는 밤은 울음마저 훔쳤다
어느 집 제삿날,
귀신 발자국 소리를 듣는 미물.

해바라기 꽃길

부산 화명동 대천천川 변에
이끼 때를 벗겨낸 시멘트 벽면
세월의 무게를 밀어내고
오늘 아침 햇살보다 더 화사한
하늘색 옷을 갈아입히는 화가를 보았다

화안해진 해바라기 꽃길
고무신을 신은 까까머리 남동생과
검은 치마와 하얀 저고리를 입은
1960년대 단발머리 소녀가
동생을 업고 모내기 들판에
젖 먹이러 가는 풍경 같다

오가는 사람들의 입가엔 미소가 번지고
눈가엔 웃음이 해바라기 꽃처럼 피어나
새봄같이 위안을 주는 꽃길이 되었다

금정산 위로 아침 해가 솟아도
어둡기만 한 경제 한파,
키다리 노란 해바라기 꽃 한 송이
희망과 꿈을 잃지 말라고
함박웃음을 짓는다.

잘 사나

"잘 사나?"
귓속 청각 새 살이 가시에 찔린 듯
아프다
묵은 해가 지나고
새해 하루가 또 지나갔다
바쁘다는 핑계로
한 해가 다 가도록
안부 한 번 전하지 못했다

"잘 사나?"
전화기에서
나직하게 들리는 목소리
"무정한 것들"
뚜 뚜 뚜 탈가닥 뚜
전화가 끊기고
명절 내내
가슴에 뱃고동이 운다.

국회의사당 소견

누가 그랬든가 삼국시대부터 우리 민족은 당파를 짓고 조금도
양보 없는 속 좁은 피가 흐른다고 했다 그러니 선진국이 될 수
없지 하기야 일인 세습의 왕족 체제였으니 구한말 서양문화인
천주 사상과 일본 제국주의를 거쳐 혼재한 민주주의 체질을 바
꾸기가 쉽지 않았다는 역사적 사실을 자처하더라도 오늘날 지
구촌은 초스피드 시대다 선진 국회 정보 매체에 비하면 우리
의 국회는 부끄럼도 모르는 철면피가 아니던가 국민을 무시하
고 세상을 어지럽히며 혼탁하게 만들던 양반들이 또 드루킹으
로 싸움질이나 하는 국회법을 만드는 의사당에서 뭐 제대로 된
잣대 하나 만들지 못하니 나랏돈 축내는 꼴 아닌가 그러니 사람
사는 세상을 고치는 의사당이 아니라 개판의 의사당으로 비치
니 개사당이라고 하지 선거 때만 되면 평소 안 하던 절은 열 두
번도 더하고 당선만 되면 민생은 멀리한 채 당리당략만 쫓으니
국민 앞에 달콤한 공약의 배신쯤은 부산저축은행 고객 돈 울리
기보다 더 쉽게 하지 않던가 저마다 이기적 정당정치에 바쁘지
공약은 늘 빌 공空자 공약이 아니던가 경제 교육 민생안전 환경
현실에 맞지 않는 법부터 고쳐 국민이 불안하지 않고 아이들 잘
키울 수 있는 세상이 되도록 여야가 머리를 맞대고 개정해 보는
것이 국민 앞에 개과천선改過遷善이 아닌가.

신발끈을 조이며

팔자걸음을 걷는
육체노동자의 걸음에서
야윈 어깨로 나르는
하루 치 중량은 육 톤쯤
지친 어깻죽지 위로
통증을 느끼는 근육통 파스를
붙여주던 어느 애달픈
여인이 남몰래 지켜보고 있다

식솔을 건사할 몇 푼을 위해
삼백예순 관절 아린 고통으로
안전화 신발끈이 헐거워져
다시 조이는 근로자

용케도 견딘
식품회사 부속품 하나가
이천십육 년 새해 첫 출근날 아침
신발끈을 고쳐 매고 있다
비정규직 노동자 새해는
아무런 삶의 희망적 의미가 없다.

인내

언짢은 일에
엄나무 가시에 찔린 듯
상한 마음이 쓰리다

하지만 돌이켜보면
모든 것이 인과응보因果應報
갚거나 빌려줄 뿐인데
너무 마음 아파할 일도 아니다

겨울을 견뎌낸 샛강으로
다시 찬바람이
종종걸음으로 내달린다.

제7부

비가 그리움이 될 때

산문에 들어

불기 이천오백여 년 전 석가모니불 세상
인간은 세 살 어린아이 같아서
방에 똥을 눠도 귀엽기만 한 정신세계
부처님 자비로 깨우치게 했었다는데
세 살배기 아이한테
자비 말고 또 무엇이 필요했겠는가

통도사 큰스님 법문이 산문을 넘고
목탁 소리 울력으로 퍼져
아사달 소원 같은 염불 소리
숲속 저 천년지기 홍송紅松에게도
밑거름이 될 귀를 열었다

영축산 산문에 들어
듣고 들리고 보이는 것들 많지만
찾아야 할 것과 가려들어야 할 소리는 적어
잠시 귀를 막고 눈을 감는다
참마음으로 눈과 귀를 떠보려 해도
무엇 하나 들리지 않고
무엇 하나 보이지 않는다.

달빛

붉은등 켜고
올올이
그리움 펼쳐놓은 이
누구의 얼굴입니까

분홍빛 열두 폭 치마
사뿐히 말아쥐고
아련한 은하수처럼
불러보는 이는
누구의 목소리입니까

초야를 치른 신방
잠에서 덜 깬
견우와 직녀같이
채 가시지 않은 취기는
누구의 발자취입니까.

비가 그리움이 될 때

먹구름 떼까마귀처럼 몰려와
창밖에 비가 내린다
까치밥 붉게 익던 구월
젖은 바통을 시월에 넘긴다

베란다 유리벽을 타고 내리는
빗물,
일렁이는 잔물결
가야금 현이 물결치듯하다

뿌옇게 능선을 타고
내리는 비
앞산 봉우리 붉은 단풍 다 젖겠다

이렇게
서늘히 비오는 날,
따뜻한 온수로 샤워를 하고
커피 한 잔을 마시면
기다려보던
그리움도 비에 젖는다.

얼마나 기쁠까

쓰고 남은 목재 토막으로
자동차 놀이를 하던
내 예닐곱 살쯤 아버지는
두 칸 토담집 초가를 허물고
그 터에 한옥 세 칸을 지었다
나는 어려 잘 몰랐지만
얼마나 기쁨이었을까
얼마나 행복했을까

경칩驚蟄이 지나자
까치 한쌍이 은행나무 빈 가지에
보금자리 둥지를 튼다
바람이 불거나 추울 때는
잠시 집 짓는 일을 멈추었다
어느새 둥지를 완성한
까치 부부 새 둥지 옆에 앉아
까악 까악 깍 자축을 한다
나는 잘 모르지만
그들은 얼마나 기쁘고 행복할까.

사람의 절규
최 모씨 게이트를 보며

제18대 대통령을 옹호할 생각은 없다
그도 합당한 죗값을 치러야 된다
그리고 전前 대통령 비리도 있을지 모르니
이참에 밝혀야 한다.
왜냐면 현 정권보다 훨씬 더한 비리가
있을지도 모른다.
하늘과 땅이 알고 아는 사람만 알 것이다
형평성 문제이기도 하지만
그것이야말로 민주주의의 국민들이 생각하는
주권의 주인된 의무를 다하는 것이 아닌가

보라, 대선주자들의 정책토론을
티브이 정책토론이 아니라 후보 간 흠집 내기와
당대표들의 실언에서 '대한민국'호 선장 키를
맡길 만한 인재가 있는지 의문스럽다
지금, 불행한 대한민국 국민들은
이 혼돈을 책임질 메시아가 있는지 묻는다
사람들은 말한다 국민의 슬프고 아린 가슴을
믿음으로 보듬을 정치권을 향하여

"촛불집회에 참석한 국민 여러분"

이 엄동설한嚴冬雪寒에 몸도 마음도 얼어붙고
피곤한 저녁, 촛불집회에 참석해주셔서 정말 감사합니다
그리고 책임을 다하지 못해 죄송합니다
여러분, 뜨거운 촛불의 고뇌와 그 물음에
저희 정치권이 국회에서 치열하게 해결하겠습니다
저희들을 믿고 여러분 모두 집으로 돌아가셔서
생업에 한층 더 열심히 해주시기 바랍니다
꼭 저희들이 여야 머리를 맞대고 해결하겠습니다.

(註) 2017년 이 시를 지을 때만 해도 대한민국은 혼돈 그 자체였다.
　　 2018년 4월 27일 문재인 대통령과 북한 김정은 국무위원장이 판문점에서 만나 비핵화 회담을
　　 하고 판문점선언 담화문을 발표함에 따라 격세지감을 느끼며 감회가 새롭다.

종무와 송년의 기도

모든 종교의 신이시여
원하는 대로 이룬 것도 있지만
원함이 원하는 대로 되지 않을 때
우리는 피조물로서 원할 수밖에 없나이다
삶이란 실은 상대를 도우는 것이 아니라
내가 도움받는 이치라 하셨죠
깨닫지 못한 진리는 철없는 아이와 같다고 하셨죠
욕심이 앞을 가려 복 그릇을 키울 덕을
보지 못한다 하셨죠!
한계를 자기 스스로 짓는다 하셨죠!
인간은 서로 돕지 않고 살 수 없음을 압니다

새해에는 원컨대 서로 처한 자아의 현실이
평화롭고 풍성하기를 기원합니다
사랑과 자비와 감사로써 진실한 마음으로
타인을 배려할 때 깊고 넓게 깨닫는
그 마음 거짓이 아님을 조물주는 알기에
원하지 않아도 원함을 줄 것이라
믿어 의심치 않사옵니다
신이시여 서로 돕기가 진정 원하는 것을
얻을 수 있는 마음의 길이라면
미처 깨닫지 못한 신神의 자녀들인 중생衆生을
훈계하듯 가르침으로 깨닫게 하옵소서.

신앙의 눈

가끔씩 속세(俗世)는
핏기 서린 눈에 힘이 들어있다
뻔히 알면서
공작새 꼬리 펼친 듯 위장된 위용
눈에 힘을 준다
그것이
과장되고 허욕의 눈일수록
눈에 힘을 빼기는 쉽지 않다

설령 용맹이 없어 보여도
눈에 힘을 뺀다는 것은
바티칸 교황이나 성철스님같이
선한 눈을 만드는 일이다

어린아이 눈은
맑고 순한 눈
아이 눈처럼 신앙의 눈은
눈에 힘을 빼
순한 눈을 만드는 일이다.

어쩌란 말이오

세월호 침몰을 보며

관용의 신이여 용서하소서
하오만, 어쩌란 말이오
사고 전날 이미 알고 있었던 신이시여
그것이 신의 뜻이라면
우린 또 어쩌란 말이오
'세월호' 선장의 무지가
신의 뜻이란 뜻도 된단 말이오

그대는 그대의 자녀가
어둠 뚫고 인천항을 떠나
전남 진도군 관매도 앞바다
그 물살 센 맹골도에서
이백팔십이 명의 새싹처럼
피지도 못한 채
세월호와 수장될 줄 알았다면
어떻게 하였겠습니까
하나님처럼 부처님처럼
침묵 침묵만 하겠는지요
오, 무심한 하나님이시여
부처님이시여, 신이시여 말씀하십시오

저, 가슴 찢는 슬픔과 통곡 소리
오천만 동포의 슬픔일진대
우리는 무엇을 깨달아야 됩니까
지금 유족은 태풍보다 더 큰 슬픔으로
휩쓸려 터진 애드벌룬같이
터지는 가슴, 가슴들
오, 신이시여 우리가 견딜 수 없는
슬픔의 한계를 시험치 마소서.

생生과 사死

어제는 계곡마다 폭우가 내려
부산 지역 일부가 물에 잠겨
지하철 전동차가 끊기고 온천천에는
사람이 떠내려가 죽었다

오늘 햇살 좋은 아침
고추잠자리 상처 없이 날고
늦매미 울음소리 힘차다

허리 하나 꺾이지 않고
어떻게 살아남았는지
개미들은 또 흙짐을 지고와
성을 쌓는다.

(註) 2014년 8월 16일 부산에 시간당 100mm가 넘는 폭우가 내려 사람이 죽고,
기장군과 북구가 물에 잠겼다.

제네시스

이웃하고 사는 이웃이 신형 '제네시스' EQ900을 1억 주고 샀다고 아내가 자랑삼아 애기할 때 농담인 줄 알았다 그런데 동네 아파트 아주머니들과 휴일인 오늘 자기네들끼리 새 번호판을 단 제네시스를 타고 한의사에게 침도 맞고 금산인삼축제 한마당까지 다녀왔다나 육 년근 수삼을 몇십만 원어치나 사서 나눴다나, 오는 길에 무슨 한우촌에 또 들러 쇠고기가 엄청 싸서 몇 킬로씩 구매했다지 이웃 제네시스 신차 덕에 나는 인삼 국물과 쇠고기 살점을 씹으며 보신을 하고 밖에 나가 바람을 쐬였다 그리고 하늘을 올려다보는데 아득히 닿을 수 없는 별들이 얼마나 반짝이는지-.

한 방울 물의 힘

1.한 방울 2. 두 방울 3. 서너 방울
방울4+56789=도랑물+시냇물+강물+바닷물=수증기=
구름=빗물 한 방울

새싹이 돋고
꽃물이 들고

녹음이 짙고
알밤이 익고

새하얀 머리칼
억새밭

눈은 내리고.

나를 위로하며

오늘 같은
내일을
살아야 될 나이

이제, 오늘이라
이름 짓지 마라
있는 듯, 없는 듯이
오늘을 산다

한 생生 살면서
굽이굽이 넘어온 나이
무엇이 두려우랴

제 자리 지켜내는
뭇 것들을 보라

나만큼
노력치 않은 것이 없다
나만큼 힘들어하지
않은 것이 없다.

월간 문학지

시월은 시 읽기 좋은 달이다
시 읽는 맛이 꽤 재밌다
시 속에도 붉고 노란 가을이 물들었고
간접 해외여행도 할 수 있다
'내 동생' '오디이푸스 콤플렉스'
'유통기한' '사소한 것들로 이루어진 집'
'빗소리' '라디오를 따라' 등
이 문학지에는 볼만한 시들이 많다
특히, 허순행의 '내 동생'은
어릴 적 시골 동생의 희생으로
대학을 졸업할 수 있었는데
사회적으로 성공한 형이
여전히 농사일을 하며
고향을 지키는 동생을 고마워하는 시다
김순호의 '유통기한'은 인생을
사계에 비유하며 어느 날 홀연히
이 세상을 하직하리라는
죽음을 준비하는 시를 읽을 땐
내 마음도 숙연해졌다
시월 첫 일요일 산행도 좋지만
가슴 속 여운으로 남을
문학지 한 권을 다 읽었다.

(註) [시문학] 2015. 10월호를 읽으며

하는 것 같다

아내가 땅이 젖었는데
등산지팡이 가져가지요, 한다

혼잣말로 아직 지팡이
짚을 나이 아닌데

현관문 앞에 선 지팡이가
이제 저에게 기대시죠
하는 것 같다

산을 오르는데
깍 까악 까마귀가 울면서
배고파요, 배고파요
하는 것 같다

'예끼 이놈'
아직 탕국 끓일 나이는 아니다
이놈아.

어느 계시啓示와 구제관

종탑 종소리 울려퍼졌을 동네 예배당 높은 십자가
한때는 찬송가 노랫소리가 드높았다
석가가 자비의 사상思想을 펼치신 지 수천여 년
정신세계가 청년기에 접어든 인간세계
다시 예수를 보내신 하나님 조물주
사랑이라는 진리眞理로 온 인류를 구원케 했다
그로부터 20세기가 또 흐른 지금
세계는 과학적 물질적 풍요를 이뤘다지만
굶주림으로 고통받는 신의 자녀가 있는 한
과학과 물질적 풍요도 어떤 자비도 어떤 사랑도
한계가 있을 뿐 성진실한 구원은 요원할 것 같다

약 10억년 전 아무것도 없는 진흙뻘 바닷속
무의미하고 혼돈된 지구에서 인간을 창조할 때
(태초 3년 3개월 머물러 잉태해 처음 태어난 인간은 오푼으로 태어나 오랜 기간 물속에서 살았으며 차츰차츰 진화하여 오늘날 인간이 됐다고 함)
어머니 역할을 했던 혼의 인연을 지닌 나까야마 미끼
인간 창조 상징인 감로대 장소에서 도구들과 약속에 의한
도래로 창조신이 미끼 교조敎祖의 입을 통해

"나는 으뜸인 신 진실한 신이다 이번에 세계인류를
구제하기 위해 하강하였다 미끼를 신의 현신으로 삼겠다"
라는 첫 계시啓示는 1838년 10월 26일이었다고 했다
교조敎祖의 혼魂과 동원된 도구들과 태초부터
구억구만구천구백구십구 인의 인간 씨앗이 태어난
연수가 지나면 인간창조 때 역할을 맞은 도구들께
신으로 예배받게 해주겠다는 태초 약속에 의한 도래가
서기 1838년 10월 26일 입교立敎일이라고 했다

어버이 창조주가 인간을 창조한 목적은 인간 개개인이
서로서로 상대를 도와 행복하고 화목하게 살아가는
인간세상을 보고 당신도 함께 즐거움을 얻기 위해
자녀인 인간을 창조한 목적이 있다고 했다
영혼을 맑히는 구제는 성진실한 정신으로 서로 도울 때
마음도 맑아지고 오히려 자신이 도움을 받게 되므로
영적구제와 신이 바라는 성인聖人이 될 수 있다고 했다
연수에 의한 각한의 인연 인간을 창조한 장소의 인연
어머니 역할을 한 교조혼의 인연, 이 셋의
인연으로 천리교天理敎가 탄생하게 됐다고 주장했다

이후 교조敎祖는 인간이 걸어가야 될
진리眞理를 신의 말씀대로 받아 적은 친필親筆과
교조전敎祖典에 의하면, 창조신의 현신으로
신의 지시에 의한 적빈에 빠진 대변자 삶이었고
온갖 고난을 격으며 50년간 고행했다고 했다
전 세계 인간은 누구나 신의 자녀라며
신의에 맞게 살아가야 할 일천칠백십일 편의
친필 말씀을 남기고 인간 세상이 잘 깨달아
실천하기를 현세現世에 바란다는 신흥종교의 친필
인간 진화론 박사논문감으로 연구해볼 만한 일이다.

(註1) 교조敎祖나까야마 미끼 : 평범한 가정주부로서 41세 때 하늘에 계시啓示를 받았다. "열이 라면 아홉은 이미 성현을 통해 모두 알려두었고, 마지막 남은 한 가지를 알린다"에서 시 1, 2연을 시적 이미지로 표현한 근거임을 밝힘. [天理敎 敎典] 참고, 시 3, 4연은 (으뜸인 리) 문헌 참고.
(註2) 감로대 : 일본 나라현 천리교天理敎 교회 본부 중심에 세워진 인간창조 상징물.

시월 대제大祭 근행

天理敎 固城敎會

피리 박자목 제금 큰북 현종 소고
거문고해금 가야금월금 아쟁 악기 합주와
창인昌仁 신악가神樂歌와 손춤,
신전神殿 가득히 울려 퍼진 천상天上의 오케스트라
어버이 신께 올리는 제례 근행勤行이다

창인이 타악기 신호 박자목을 탁 치면
전체 근행인원 기원예배 의식이
넓디넓은 세상 그곳
생땅을 찢어 터전을 점지하였고
그것이 천리교 포교를 선언한 날이 된다
어버이 신이 안좌할 뿌리를 내는 것
혼돈된 인간정신을 맑혀 세상을 구제하는 길
든든하게 거목巨木으로 뻗칠
청량한 박자목 소리 쩌렁쩌렁 대지를 울렸다

여기 신전에서 제례의식으로
어버이 신께 올리는 근행은
영혼을 맑혀 덕을 쌓고
생의 가시밭 상처 덧나지 않게 하고
모든 피조물의 인간 안녕을 빌며
물과 햇볕과 바람의 은혜에 감사하는
장엄하고 엄숙하고 때론
인자하면서도 준엄한
으뜸인 어버이 유일신唯一神의
웅비雄飛를 내보이는 일이다.

똑같습네다

똑같습네다

남한 동포나 북한 동포나
똑같습네다

한 조상 한 계례 한 민족
똑같습네다

아플 때나
슬플 때나 또는 기쁠 때나
함께한 삼천리강산三千里江山
똑같습네다

아, 대한민국
짙은 피 나뉜 형제여
똑같습니다.

제8부

겨울아침 차를 마시며

어머니 품속에서

정종락님의 고희연古稀宴에 부쳐

바람이 붑니다 오늘 시월 같은 바람이 *박달 골짝서 붑니다 정체되었던 구름도 문을 열고 호수처럼 잔잔한 하늘이 파란 파도처럼 출렁입니다 어머니 젖가슴을 닮은 앞산 진달래 붉은 입술 곱기도 하였으니 저기 건너편 산이 걸어나오고 서남쪽 산과 어깨동무를 하며 미소를 짓습니다 내 고향 함지박 같은 박달 자궁에서 한 탯줄 이어받아 태어난 형제자매여

오늘 금의환향錦衣還鄕 번쩍이는 임의 고희古稀를 맞아 이렇게 만나 뵈올 수 있어 어찌 반갑지 아니하고 기쁘지 아니한가 그간 쌓아오신 덕행德行이 온 누리에 빛나 산천초목도 춤을 추고 천리향처럼 그 향기 천리로 퍼져 벌 나비같이 모여왔고나 오늘 아침까지 울음소리 가을 하늘보다 더 높고 청푸른 대나무숲이 양팔을 벌려 어서들 오라며 손짓합니다 그간 어떻게 지내셨냐며 안부 묻는 속삭임이 대숲을 메웁니다

형제자매 여러분, 따뜻한 어머니 품속으로 잘 돌아오셨습니다 풋보리밭 오솔길 높이 지절대던 종달새 울음소리 들리십니까 휘영청 대보름날 달 마중을 가거나 달 밝은 밤 골목길 흙담을 돌아 마실을 갔다 오던 기억과 점심때를 알리던 수탉 울음소리나 산풀을 뜯던 바리톤 같은 송아지 울음소리 들리십니까 혹은 살찐 햇살 아래 개 짖는 소리마저도 나직이 우리의 애잔한 삶의 모퉁이를 돌아 적막을 깨우던 그 소리 소리들 다시 듣고싶고

그립지 않습니까

한 탯줄로 이어져 풀뿌리같이 부대끼며 살다 가신 얼굴들 희미한 흑백사진처럼 차오릅니다 영혼靈魂들이시여 오늘 설 추석 명절날 색동옷 입고 세배드리는 마음으로 모였나니 고깔 쓰고 풍물놀이 징 울림처럼 오십시오 메말라가던 우물에서 청수가 용솟음치듯 장한 아들이 당신의 마당 옛터에서 고희의 큰 멍석을 깔았습니다 이승에서 못다 한, 한恨 매듭처럼 푸시고 이 자리에 모인 면면들 빠짐없이 살펴시어 자손만대 이어나갈 축복을 내리시사 박달 골짝 번영케 하시고 형제의 기쁨이 내 기쁨인 듯 덩실덩실 춤추게 하옵소서

엊그제인 듯 동무하며 곱던 얼굴들 빛바랜 세월에 샛대꽃 하얀 머릿결에 시계 초침도 숨이 찹니다 백 년도 못다 할 인생 칠십이 하루인 듯 눈 깜빡할 찰나인데 억센 고집 억지 욕심 이제 다 비우고 남은 인생 덕德 짓는 마음으로 서로서로 도와가며 어머니 품속 같은 박달 골짝 한 핏줄같이 끈끈하게 다시 뭉쳐 퍼줄수록 넘치는 정 샘물처럼 나누시고 오늘같이 좋은 날 시름은 떨치시고 도타운 진실로 고희를 축하하오니 우리 모두 건강하게 오래오래 사시라는 축배를 높이 듭시다.

(註1) 박달 : 작자가 태어난 동네 이름
(註2) 샛대꽃 : 억새꽃 (방언)

새들에게 고백

앙상한 가지에 매달린 홍시를 보고
아침 까치가 짖는다
일용할 양식을 얻은 기쁨으로 겨울밤
짝지에 대한 배려와
조촐한 식탁을 이루고픈
소망과 기도의 울음소리와
양지쪽 다리 아래 털 세운 비둘기 한 무리
햇살 녹이며 졸고 있다

버들강아지 물 뿌리 웅덩이에
청둥오리 서너 쌍
겁 없이 얼음판을 지치며
자맥질과 날갯짓 거침이 없다
아직 찬바람은 불고
선택할 수 없는 봄바람은 멀다
전봇대 헐어버린 까치집
사람의 배려가 홍시만도 못하고
나는 따뜻한 집에서
아침 식탁을 마주하며
까치와 비교하면 부끄러운 줄 모르고
겨울 밥상에 산해진미가 그득하다.

그럴지도 몰라

천년 섬돌 위
가지런히 놓인 흰고무신
산문 들어 합장하고
불경佛經 삼매에 빠졌을지 몰라

발품으로 키운 자식
내 어머니 닮은 흰고무신
근심 두어줌 벗어놓고
기도 삼매에 빠졌을지 몰라

아낌없이 다 주고도
모자란 듯 기다리는 흰고무신
하얗게 빈 것 같은 그곳은
보일 듯 말 듯 어머니 정성이
가득 차 있을지도 몰라.

몽돌밭을 거닐며

부산 송도 바닷가 몽돌밭에는
모 하나 없이 수천 년 동안 파도에 깎인
둥글고 예쁜 조약돌들이 펼쳐있다
어느 정년퇴임 하루는 길고 길어
오갈 데 없을 때, 바닷가를 같이 걸어가면
발밑에 밟히는 바스락거리는 몽돌 소리
밀려오는 파도 소리와 시원한 바람
지루했던 하루를 위로받는다

영도 조선소 노동자들의 처우개선
쟁취를 위한 데모 함성이 파도에 묻어오고
나는 바닷물에 검게 젖어 빛나는 조약돌
한 개를 주워보며 마음이
이 조약돌처럼 둥글게 살 수 없을까
하는, 생각이 잠시 바닷물에 잠긴다

낙조의 바다 위에 배가 떠 간다
내일도 밝아 하루치 돛을 올리겠지
날마다 시간마다 값을 재며
숨가쁘게 살아온 일상을 되돌아보면

마음의 여백도 없이 종종걸음으로 우리는,
아니 나는 뭘 얻었기에 바쁘기만 했을까

곳과 때를 제공받은 이 시대 현장 어디쯤
하루의 골프 게임값도 되지 못하는
노동을 하고 응어리진 가슴마다
붉은 깃발을 꽂아 구호를 외치는 저 함성
태평양을 가로지른 칠월의 태양보다
더 뜨거운 외침이 정당하지 않는가.

황계폭포

한반도 시원始原에서 등뼈의 혈맥을 타고 굽이굽이 흘렀다 물은 낮은 곳으로 천리마처럼 달려와 황계黃溪폭포에 다달아, 흰 이빨을 드러낸 맹수 같기도 하고 어쩜 독수리 날개처럼 변신도 한다 가히 막을 수 없는 노도와 같은 힘, 어떤 방패도 뚫리겠다 날개를 펼친 듯 군마軍馬가 거친 숨소리를 하얗게 토해내 부서지는 물기둥 천둥소리와 함께 반짝 햇빛을 받은 물안개 무지개다리를 놓는다 차가운 소를 지나 2단 폭포로 흘러내린 물길 혀끝을 날름대며 용소에 살던 누룩뱀같이 굽이돌아 다시 구리빛 흑사黑巳의 이무기처럼 소용돌이친다 가히 폭포는 천리마를 타고 온 물비늘 갑옷 입은 장수將帥처럼 낙수 소리 우렁찬 호령 같기도 하다 용맹한 장수 품에 안겨 만민이 평화롭고 즐거운 무지개 휴식을 취하고 있다.

(註) 황계폭포 : 경남 합천군 용주면 황계리에 소재한다. 첫 번째 폭포 길이는 약 8m 정도다. 너비는 2.4m 정도며 암벽 전체는 약 10m가 된다. 용소를 지난 물은 다시 두 번째 폭포 길이 약 2.5m이며 너비는 4.5m로 독수리 날개를 펼친듯하다.

치매 병동

자신 생각이 아닌
생각으로 숨만 붙었다
아무것도 모른 채 순한 아이처럼
태내의 양수 속 바다
헤엄을 치듯 무중력으로 사는 게 죽음 같다
낮, 밤 없이 논밭 지심을 뜯고
한 세상 그렇게
이를 악다물던 입술
줄줄 풀린 긴장감 히죽히죽 웃는다
드넓은 두뇌의 바다
메말라버린 기억세포
깊은 늪 속으로 묻혀버린 생각들 씨앗
기억은 암흑 속에 빠져있고
저편 기억 예닐곱 살 추억만 남았다

지금은 희망의 싹도 아닌
그저 아이처럼 얼굴만 희멀겋다
이 야윈 작은 몸집으로
칠 남매 자식을 낳은 우리 고모님
천진난만한 세 살 아이처럼
해맑게 웃기만 하는 얼굴
짠한 가슴 미어지고 아리다.

화명코아 초장 집

낙동강 어귀, 부산 북구 화명동 신도시에는 지금 부산 자갈치 활어센터를 옮겨 놓은듯합니다 화명코아 활어 전문빌딩 맨 아래층에는 매일 아침마다 큰 활어차 바다가 들어왔다가 저녁나절이면 활어 횟감으로 썰물처럼 빠지는 조수간만潮水干滿의 작은 포구가 있는듯합니다.

강 하구쪽으로부터 해풍과 함께 저녁노을을 불러모으면 카니발 댄스파티 같은 네온사인들이 일제히 불야성을 이룹니다 하루의 일과를 마친 많은 사람들이 피곤을 털어내기 위한 횟집 손님으로 밀물처럼 몰려와 기꺼이 강태공이 됩니다 수족관마다 낚시질을 끝낸 강태공들이 삼삼오오 짝을 지어 2층 초장집 포구마다 똬리를 틀고 앉아 달빛 드리운 창가에서 싱싱한 횟감으로 소주 한잔을 기울이며 하루의 피곤을 삼키고 있습니다.

(註) 화명코아 : 부산 북구 화명신도시 상가들 중에 화명코아 활어 전문빌딩은 1층엔 활어 자판이 즐비하고, 2층, 3층은 초장 집들이 있고 4층부터 9층까지는 주차장이다.

방생

합천 대양면 물 맑고 공기 좋은 고향이 죄가 된 양 우리만 몽땅 잡혔다 포로수용소처럼 갇힌 구포시장 대형물통 가판대 자연산이라 명찰을 붙였다 서로가 서로를 믿지 못할 만큼 무리 속으로 파고드는 무서운 밤이 지나고
"1킬로에 얼맙니까?" "삼만 원입니다." "비싸네요." "싱싱하게 살려가야 됩니다" 나는 1킬로그램 속에 들었다
어느 아파트 물통에 머무는 동안 고향집이 그리웠다 나는 힘을 다해 몇 번이고 점프를 하다가 튕기듯 물통 밖으로 탈출에 성공했다 하지만 나는 튀김을 튀기고 식힌 식용유 프라이팬에 떨어졌다 호흡하기 힘들 즈음 소금을 뿌려 친구들을 질식시키는지 삐익 삐익 비명이 들렸다 강 건너 전등불이 하나둘씩 켜질 무렵 추어탕이 된 친구들을 밤새 생각한다
아침이 밝자 무심결에 나를 본 안주인이 기겁을 한다 배암으로 착각하였다나 "에이 이놈 튀겨야겠다" 나는 꼼짝없이 죽었구나 생각할 때 "여보, 이놈 살려줍시다 얼마나 살고 싶으면 식용유에 빠졌어도 죽지 않았잖아요" "방생합시다" "그래요, 살려줍시다" 그놈, 부산 북구 대천천에 잘 살고 있는지 오늘 밤도 궁금하다.

낮은 마음

물은 낮은 곳으로
흐르고 있다
남들에게 인정받고 성공하여
명성을 얻고 싶거든
저기 산 기슭 울창한 숲처럼
마음을 낮추라 하네

회장 사장 전무이사
부장 과장 높은 양반들
오를수록 외롭고
오를수록 위험하고
오를수록 어지럽다

하지만
낮은 마음 낮은 곳으로
흐르는 물처럼
바닥을 길 줄 아는
높은 사람들은
겉보기는 바보 같지만
현명한 바보가 아닌가.

어떤 시詩

어느 말이 맞는지 몰라
하늘을 올려다볼 때가 있다
구름이 달을 비켜가는지
달이 구름을
비껴가는지
나도 고개가 갸우뚱해진다

어떤이는
내 시詩 한 편을 보고
이게 시냐고 하고
어떤 시인은
내 시 한 편을 보고
참 좋은 시라고
감동을 했다.

한계

눈곱만한 개미 한 마리가
내 방안까지 들어와 가진 아양을 다 떤다
내가 어찌하지 못한다는 걸 깨닫는지
마냥 기어가다가 가만히 서서
더듬이를 흔들며 이 세상은
얼마나 넓은 거냐며 묻는다

생각하면 세상이 넓다지만
내가 서서 넘어지지 않고 견딜 수 있는
수치의 넓이는 고작 삼사십 센티 남짓
그 작은 넓이의 한계는 나도
어쩜 개미살이와 다를 바 없다는 생각

개미에게는 넓은 세계
내게는 드러누울 수 있는 세상
아무것도 부러울 것 없지만
배 깔고 누워 책을 읽다가
오늘 아침 아내에게 받은
일만 원권 지폐 다섯 장을 헤아리며
문득 바깥이 얼마나 넓은지
알아보고 싶어 방문을 열고 나갔다.

어떤 낱말

간밤에
참 많이도 돌아다녔다
어느 건물인지 모를 계단 복도에서
연밤색 꽃무늬 원피스를 입은
생전의 어머니를 만났다
햇볕에 그을린 듯 미소 띤 얼굴
"얘야, 너 많이 컸구나"
"나와 저 아래로 가자"
"어머니 여긴 웬일이세요"
어머닌 대답 대신
나의 손을 잡아끌며
계단 아래로 내려가고 있었다
무섬증을 느낀 나머지
나는 '나무천리왕님南無天理王任이시여
신명神命을 반복하며 외웠다
계단이 끝나는 지점에서
어머닌 눈 녹듯 사라지시고
그 자리 흰 종이 위
'쁘쉬'라는 글귀가 선명하였다
하여, 언제쯤 될지 모르지만
저승 사전辭典에서
어떤 낱말인지 알아볼 일이다.

(註) 저자의 어머니는 天理敎 신앙자였다.

작품 해설

생의 역설 혹은 아이러니

이상옥(시인, 중국 정주경공업대 교수)

작품 해설

생의 역설 혹은 아이러니

이상옥(시인, 중국 정주경공업대 교수)

1. 생에 대한 통찰과 탐구

최진만 시인은 시에 대한 열의가 뜨겁다. 창신대 문창과 교수로 있을 때 처음 최 시인을 만났다. 이미 시인으로 등단도 하고, 사업으로 바쁜 나날을 보내면서도 굳이 부산에서 마산까지 시를 공부하겠다고 문창과로 왔다.

최진만 시인의 시는 연륜의 깊이가 느껴진다. 부산에서 마산으로 시 공부를 하러 다녔던 것에서 보듯 그의 시도 매사가 탐구적이다. 그만큼 생에 대한 깊은 통찰을 보인다. 젊은 시절부터 생에 대한 학구적 태도로 연륜의 깊이를 더하며 농익은 모습을 드러낸 것이 이번 시집이 아닌가 한다. 자본주의 사회에서 시를 쓴다는 것은 생산적인 활동이 아니다. 시를 쓴다는 것은 재화 획득에 도움이 되지 않기 때문이다. 시로 밥을 먹는 일이 아닐진대 시 쓰기는 여기餘技로, 생의 장식적인 치장 정도로 치부한다. 최진만 시인이 시로 사는 사람 같은 느낌을 주는 것은 왜일까. 누가 알아주든 그렇지 않든 시는 최 시인에게 최고의 가치인 것만은 분명하다. 최 시인에게 시 쓰기는 삶과 분리되는 것 같지 않다. 그를 시로 사는 사람이라 해도 틀린 말이 아니다. 많은 시인들이 있지만 시인이라고 그런 느낌을 잘 주지는 않는다. 그렇다고 최 시인에게 시가 밥이 되지는 못한다. 그런데도 시가 자신의 전부인 양 생각하는 이유는 무엇일까.

> 돌아가는 컨베이어벨트 속에
> 지구의 원심력이 있다
> 그 원심력을 이상적 세계라 해두자
> 지구의 지표면은 세월의 벨트다
> 땅 위에 얹혀살다 깊어진 경륜의 뿌리
> 땅속 원심력과 연동連動돼 돌아가고
> 때 묻은 세월과 나이테 같은 일상이 돌고 있다
> 십삼 층 아파트가 빠르게 돌아간다
> 새로 지은 빌딩도 뿌리를 내리고 돌아간다
> 아니 돌아가는지 전혀 느끼지 못했다
> 느끼지 못한 것은
> 너도나도 함께 돌고 있기 때문이다
> 스크린 골프장에는 그린이 펼쳐지지만
> 정작 그린이 아닌 것처럼
> 신호등 정지선에서 옆 차가 먼저 가면
> 내 차가 뒤로 후진하는 것처럼
> 착각도 정상인 양 망각할 때가 있다
> 하루하루가 세월의 수레바퀴처럼 돌고,
> 돌아 컨베이어벨트 위에서 망각하며 돌고 있다
> 수레든 벨트든 바퀴든 스위치를 끄기 전

삶이란 이름으로 돌 수밖에 없다
돌아가는 이쯤에서 빌딩들이 자랄 동안
너는 뭘 봤니.
　　　　-〈너는 뭘 봤니〉 전문

이 시의 상상력은 매우 거대하다. 물론 최진만의 연륜과 맞닿아 있다. 그는 '땅 위에 얹혀살다 깊어진 경륜의 뿌리'를 지니게 되었다 말한다. 말만 그런 게 아니다. 그의 시는 깊은 경륜의 뿌리를 드러낸다. 케이티엑스KTX 옆자리에 예쁜 여성이 앉아도 사월 경북 청도 복숭아꽃만 보이고 원망하던 것도 미워하던 것도 욕심 부리던 것도 다 부질없는 것임을 오송 뜰 하얀 배꽃 보며 안다. 사월의 꽃들과 초원이 다투지 않고 피듯 온갖 물감으로 채색을 더해가는 들판과 산 풍경 속으로 동화되는 마음의 경륜을 지닌다(〈예순다섯 되면〉 참조) 이는 최진만이 생에 대한 깊은 탐구를 지속적으로 한 후 도달한 경지다. 여기는 회심 같은 것이 필요했으리라. 성서에서 바울의 고백을 떠올려볼 만하다. 어렸을 때에는 말하는 것이 어린아이와 같고 깨닫는 것이 어린아이와 같고 생각하는 것도 어린아이와 같다가 장성한 사람이 되어서는 어린아이의 일을 버렸다는 것. 왜 바울의 고백이 문득 떠오르느냐 하면 '경륜의 뿌리'라는 언표를 아무나 쓸 수 있는 말이 아니기 때문이다.

최진만이 전 생을 용맹정진하며 도달한 깨달은 바를 화두처럼 던지는 질문이 '너는 뭘 봤니'이다. 세월 벨트라는 지구의 표면에 살다 미끄러져가는 사람들에게 묻는 말이다. 지구의 원심력이라는 것이 단순한 물리학적 원리를 넘어 생의 이법으로 작용함을 보인다. 생은 땅속 원심력과 연동連動돼 돌아가고 있기 때문에 때 묻은 세월도 나이테 같은 일상도 함께 돌고 있다고 말한다. 개인의 삶이라는 것도 원자론적으로 파편화된 것이 아니라 지구, 우주라는 거대한 이법 속에 놓여있음을 직시한다. 십삼 층 아파트가 빠르게 돌아가고 새로 지은 빌딩도 뿌리를 내리고 돌아가지만 사람들은 돌아가는지 전혀 느끼지 못한다. 느끼지 못한 것은 너도나도 함께 돌고 있기 때문이다. 느끼지 못한다고 돌아가고 있지 않는 것이 아니다. 스크린골프장에는 그린이 펼쳐지지만 정작 실제의 그린이 아닌 것처럼 신호등 정지선에서 옆 차가 먼저 가면 차가 뒤로 후진하는 것처럼 하는 착각도 정상인 것처럼 여겨진다. 눈앞에 펼쳐지는 생이 그렇다. 하루하루가 세월의 수레바퀴처럼 돌고, 돌아 컨베이어벨트 위에서 망각되며 돌고 있다. 수레든, 벨트든, 바퀴든 스위치를 끄기 전 삶이란 이름으로 돌고 있다. 돌아가는 이쯤에서도 끊임없이 일들은 벌어진다. 새로운 빌딩이 올라가고 새로운 생명이 태어나며 생은 컨베이어벨트 위에서 그냥 그렇게 망각된 채 계속된다. 여기서 '너는 뭘 봤니'라고 화두를 던진 것이다.

이 화두는 시인 자신에게로도 향한다. 어쩌면 최진만의 생의 유일무이한 화두일지 모른다. 그래서 이걸 붙잡고 최진만은 독서와 시작을 통해 구도의 길을 가기로 한다. 바쁜 생활 속에서 때로 그걸 놓치는 경우도 없지 않겠으나 '너는 뭘 봤니'라는 화두로 독서라는 씨줄과 시라는 날줄로 생의 텍스트를 엮어간다.

갖가지 얼굴을 내민 책들이
걸음을 멈추고
나란히 책장에 도열해 있다
그 멈춘 마음을 다 읽을 수는 없지만
나는 그 녀석들과 동고동락하며
또 한 살의 나이를 포개는 설을 맞는다
가끔 낯선 녀석들의 미소에
잔뜩 호기심이 발동하여
그 녀석들의 속뜻을 잠시 엿볼 뿐
내용을 의미깊게 탐구하기에는
시간이 없다는 핑계로 '다음에'란
의문부호만 남기곤 했다
무술년戊戌年 황금개띠 새해에는
그 녀석들 속으로 들어가 보고 싶다
그 녀석들 속마음을 읽고
그 녀석들처럼 내가 좀 더 소통하는
한 인간으로 배려 사랑 은혜
감사 진실 겸손 여유 지혜
현명함까지도 닮으면 좋겠다.
-〈그 녀석들처럼〉 전문

최진만에게 지구라는 원심력과 동일 맥락은 독서와 시이다. 최진만의 원심력의 근원으로서 책은 갖가지 얼굴을 하고 책장에 나란히 도열하며 그를 향해, 아니 그가 책을 향해 멈춰 있다.

그의 책들은 컨베이어벨트 위에서 망각하며 돌고 있는 여타의 것들과는 다른 국면이다. 그는 책들과 동고동락하며 또 한 살의 나이를 포개는 설을 맞는다. 이것은 시인의 삶의 원형질이다. 끊임없이 서책으로 향하는 혹 잠시 세상살이로 잊어버리다가도 다시 돌아가야 하는 최진만의 원심력이라는 말이다. 그의 꿈꾸는 이상세계도 그 속에서 찾아지기 때문이다. 한 인간으로 배려하고 사랑하고 은혜로우며 감사하고 진실하며 겸손하고 생의 여유와 지혜에 덧붙여 현명함까지 겸비하는 생을 꿈꾸고 소망한다.

그렇다고 그가, 지구의 원심력이 환기하는 이상세계에 도달했다는 것은 아니다. 전심으로 마음을 모아 붉은 피가 솟구칠 때까지 구멍을 뚫다가 펜촉을 들어도 아직 시의 꼬리도 찌르지 못했다. 보이지도 않고 들리지 않는 먹장어 눈으로 시詩의 바다를 헤엄치다 보면 어느새 어둠이 내린다. 캄캄한 사해死海처럼 미동도 없이 숨어 오던 시어詩魚 한두 마리가 촘촘히 직조된 뇌의 그물망을 뚫고 달아난다. 그 흩어진 시상詩想들. 그만큼 시작이라는 이상세계로의 접근이 험난한 길임을 보인다. 그럼에도 불구하고 한 무리 치어 떼가 몰려가고 먼동이 트면 밤 사이 뚫은 구멍 속에서 심해의 고래가 한껏 물기둥을 내뿜는다. 이게 고투하지만 궁극으로 도달하여 얻은, 아니 얻어야 하는 득도와도 같은 것으로 이걸 위해 그의 모든 촉수는 작동한다. 고래의 상징은 바로 생의 화두라 해도 좋다.(〈구멍 2〉 참조) 그러나 최 시인에게 있어 고래가 던져주는 화두는 장밋빛이 아니라는데 역설이 있다.

2. 포획된 생의 실존

생에 대한 통찰과 탐구로 최진만에게 포획된 생의 실존은 생의 컨베이어벨트 위에서 모든 것은 '시간의 밥'이 되고 만다는 것이다. 그건 단 한 점의 예외도 없다.

> 녹슨 양철지붕
> 숭숭 구멍이 뚫려 허물어져 간다
> 흰 구름같이 시간은 흘러
> 변할 수밖에 없다는 것
> 시간이 먹어치울 밥 앞에
> 멈춰 있을 현상現像은 아무것도 없다
>
> 어느 시절 어느 때를 때라고 할 수 있을까
> 지은 이름들이 사라졌을 그곳
> 새로운 이름이 돋아 역사歷史가 되었을
> 또 양철집이 사라지고,
> 우리가 사라질 시간 속에서
> 높고 낮음의 새로운 도시 골목에도
> 그늘을 드리우며 해를 지우고 있다
> 바다 밑 시간의 밥이 된 고대도시古代都市처럼
> 시간은 못 먹는 게 없다
> 다만 시간이 먹을 수 없는 것이 있다면
> 그건 '미끼'의 말씀인가 하노라.
> 　　　　　　　－〈시간의 밥〉 전문

녹슨 양철지붕이 숭숭 구멍이 뚫려 허물어져 가는 모습을 보면서 시간의 밥이라는 것을 환기한다. 양철지붕이 허물어져 가는 것처럼 모든 현상은 시간의 밥으로 사라져 가게 되어 있다는 것이다. 지금 눈에 보이는 것들 어느 것 하나 예외가 없다. 지금 나라는 존재도 그렇고 너라는 존재도 그렇다. 지금 호명되는 이름도 시간의 밥이고 호시절이라고 하는 지금도 역시 시간의 밥이다. 영웅호걸도 예외가 아니다. 한 이름이 사라지고 또 한 이름이 돋아나고 역사가 된다. 역사는 시간에게 삼킨 사라진 것들의 또 다른 이름이다. 실존은 사라질 시간 속에서 높고 낮음의 새로운 도시 골목에도 그늘을 드리우며 해를 지우고 있다는 언표 속에 극명하게 드러난다. 시간은 어느 순간 찬란했던 고대도시도 한 입에 삼켜 버린다. 이로 보건대 시간의 밥이 아니라는 그 말은 미끼에 불과하다.

그건 '미끼'의 말씀인가 하노라 라는 마지막 언표를 주목해야 한다. 이 언표는 물론 '너는 뭘 봤니'라는 근원적 질문에 대한 최진만의 대답이다. 그럼에도 미끼에 걸렸지만 사람들은 시간의 밥이라는 실존을 외면하고 산다. 나만은 예외인 것처럼 말이다.

어지럽게 흩어져 온갖 것이 방안 가득 숨 쉬는 듯 죽은 듯이 하여 하물며 걸레 조각 같은 것까지도 살아움직이듯 하는데 가슴팍을 질금질금 누르던 안개비 너머로 머언 아이들 재잘거림은 누구의 목소리입니까 소곤거림이거나 울음이거나, 혹은 웃음이거나 노래였다 하여도 빈집 공간은 여기 그대로다. 멋지고 세련된 뭉게구름같이 피었다 사라져 버린 허무여 여기 선풍기 바람개비처럼 세월은 늘 맴을 도는데 아침 안개가 흰 장막을 거두게 되면 아, 나는 두렵다 세상 속 아름다운 꽃들과 새들의 지저귐 아이들 착한 웃음소리가 두렵다.
　　　　　　－〈허무-고종누이의 죽음〉 전문

최 시인도 현존은 시간의 밥이라는 것을 인지하고서도 막상 개인적 죽음의 실존과 맞닥뜨릴 때 두려움을 느낀다. 이건 인지상정이다. 고종누이의 죽음 앞에서 느끼는 실존적 공포감이다. 어지럽게 흩어져 온갖 것이 방안 가득 숨 쉬는 듯 죽은 듯이 하며 생과 사의 경계를 구분하기 힘든 지경이다. 어찌 보면 걸레조각 같은 것까지도 살아 움직이듯 하는데, 고종누이의 존재는 더 이상 찾을 수가 없다. 천진난만한 아이들의 재잘거림이 가슴팍을 질금질금 누르던 안개비 너머로 들려온다. 살아 있다는 것은 무슨 의미이며 또 죽음은 무슨 의미인가. 저 재잘거림의 천진난만한 웃음 속에도 죽음이 도사려 있는 것이니 정말 섬짓하지 않을 수 있겠는가. 그래서 아름다운 꽃들과 새들의 지저귐과 함께 아이들의 웃음마저 두려운 것이다.

무슨 천형처럼 죽음을 안고 시간의 밥으로 생을 영위하는 비극적 정황은 원심력으로 작용해서 아이의 얼굴에도 그늘을 드리운다. 그것뿐이 아니다. 텅 빈 빈집이나 외국인 노동자의 드림의 좌절, 1인 세대의 고적감도 모두 현존이 시간의 밥이라는 뚜렷한 명제와 연동된다.

아이 얼굴은
늘 그늘이 드리웠다
언제나 말이 없던 그 아이
'밥 먹었어' 하고 물으면
그늘의 미소를 짓던
그 아이
        -〈그늘과 그늘〉 일부

산 그림자 내려와 엷은 어둠이 깔릴 때까지
텅 빈 우거寓居를 멍하니 바라보다
적막을 깨우는 풀벌레소리에 발길을 돌렸다.
        -〈빈집〉 일부

금의환향 꿈꾸는 오버올 안드레
꿈일 뿐인 꿈을 오늘도 꿈을 꾸누나
그는 잠꼬대 같은 꿈이라도 꿈이 있었다
꿈을 꿀수록 좌절하는 오버올 안드레
호박꽃처럼 그의 꿈은 순박했다
        -〈오버올 안드레〉 일부

강물처럼 흘러 멀어진 형제자매
핵가족 1인 세대와
혼자 밥 먹는 사람들 대세인 시대
밥 한 끼 먹자던 인사가

왠지, 따뜻했던 어머니 구들장 같아서
외로워하시던 그 방이 그립습니다
　　　　　　-〈흩어진 밥〉일부

죽음을 원심력으로 안고 살아가는 생의 다양한 비극적 정황이 제시된다. 그럼 어떻게 할 것인가.

3. 허무를 넘어

최진만의 실존적 인식은 '생은 시간의 밥'으로서 그 현 실태는 비극적 정황으로 제시된다. 생을 포기해 버려야 하는 것인가, 그럴 수는 없다. 역설적으로 더욱 생에 대한 의지를 드러낸다. 시간의 밥이라는 생의 허무, 즉 실존을 넘어서려는 시도가 시의 곳곳에 내재해 있다.

　　　　땅과 하늘을 열기 위해 새들이 처녀성 같은 지평地坪을 깨운다 아파트에서 눈을 비빈 불빛이 띄엄띄엄 어둠을 밝힌다 한 사람의 발자국이 눈에 불을 켠 채 까만 어둠을 가르며 다가오고 있다 초승달보다 먼저 눈을 뜬 발자국은 첫차를 신고 달렸다 거리의 청소부는 바쁘게 그 발자국을 쓸어 담는다 강 건너 촌락의 불빛 몇 개가 이슬처럼 반짝이고 있다 새벽기도 버스를 기다리던 여인, 바람을 안고 온 미니버스가 냉큼 여인을 어둠 속으로 싣고 사라진다 조간신문 오토바이 소리가 멀어지고 새벽 운해가 걷히자 산과 들이 막 세

수를 끝낸 것처럼 마알갛다 삐거덕삐거덕 만선을 꿈꾸던
강江의 어부들이 그물을 당기며 시름에 빠진 해를 싱싱하
게 건져 올린다.
　　　-〈새벽을 여는 발자국〉 전문

생의 비극적 정황과는 상관없이 새벽을 여는 싱싱한 발자국이
아름답고 활기차다. 마치 시간의 밥이라는 현존을 이겨낼 수나
있는 것처럼 희망적이다. 땅과 하늘의 불투명성을 열기 위해 새
들이 처녀성 같은 지평地坪을 깨운다로 시작하는 이 시는 마치
어둠이나 절망을 능히 극복한 것처럼 보인다. 새의 비상의 이미
지와 함께 한 사람의 발자국도 제시한다. 새벽에 첫 발을 떼는
것에 그 어떤 절망적 포즈도 없다. 첫 차를 타고 일터로 가는 발
걸음이 성스럽기까지 하다. 그리고 거리의 청소부가 등장하고
강 건너 촌락의 불빛, 새벽기도 가는 여인, 조간신문을 배달하는
오토바이 소리, 만선을 꿈꾸는 어부들의 그물 등은 모두 새벽을
여는 발자국으로 생에 대한 긍정적 표지이다.

　　종을 쳐라
　　종을 쳐라
　　가슴 펑 뚫리게 종을 쳐라
　　정의로운 민주주의 이랑 이랑을 깨울
　　종을 쳐라
　　이념의 고개를 넘어
　　저 멀리

북방까지 들리게 종을 쳐라
종소리를 듣고
꿈 키웠든 어릴 적 교실이나
배고프면 교회나 사찰을 찾았던
그 종소리로
다시 종을 쳐라

온 누리
자유와 평등을 위해
무술년戊戌年 아침 종을 쳐라
부패도 이념도 폭력도 말갛게
씻을 종을 쳐라
종이
아프도록 종을 쳐라.
            -〈종을 쳐라〉 전문

새벽을 여는 발걸음만큼 생의 긍정적 코드는 종이다. '종을 쳐라', '종을 쳐라', '가슴이 펑 뚫리게 종을 쳐라'고 반복해서 절규하듯 외친다. 그 종은 정의로운 민주주의 이랑을 깨우기 위함이고 이념의 고개를 넘어 저 멀리 북방까지 들리게 하기 위한 것이다. 시간의 밥이라는 실존적 정황 속에서 사회나 국가도 예외 없이 모순과 절망과 아픔은 공히 공존한다. 그렇다고 시간의 밥에 먹힐 존재로서 좌절할 수만은 없어 종을 울리는 것이다. 최 시인은 어린 시절의 기억을 더듬어 꿈을 키웠던 어릴 적 학교의 종소리, 배고픈 시절 교회나 사찰에서 울리는 종소리, 즉 온갖 희망의 종을 다시 치라고 외친다. 온 누리 자유와 평등을 위해 무술년戊戌年 아침 종을 치라고, 부패도 이념도 폭력도 말갛게 씻을 종도 치라고 외친다. 종이 아프도록 종을 치라고 아니, 절규한다.

최진만의 이번 시집을 관통하는 것은 시간의 밥이라는 포획된 생의 역설, 혹은 아이러니라는 통찰이다.

후기

시 작업을 다시 첨삭하여 이미지를 새롭게 구성하게 된 것은 모 교수님의 동기부여가 큰 에너지를 주었습니다. 곧 작품성이 부족했음을 깨닫고, 고마운 마음으로 작품을 새로 다듬고 교정할 수 있었음을 감사드립니다. 요즘 세상은 인간관계에 있어 스트레스가 이만저만이 아닙니다. 그런 측면에서 볼 때 문학이 담당해야 할 역할은 분명해집니다.

2014년 발행된 '구부러진 말'의 시집은 독자가 심리적 치료와 마음의 안정을 찾을 수 있기를 바랐지만 그 효과는 미흡하였습니다. 하여 이번에 부산문화재단 지원사업으로 『새벽을 여는 발자국』 시집을 펴내면서 부족한 이미지를 새로 되새김질하고 재편집을 거쳐 한 권의 시집으로 묶어 출판하였습니다.

시인의 정신적 본바탕이 때 묻지 않고 순박할 때 서정적 명시도 탄생되리라 믿으며 저자 또한 새로운 각오를 다져봅니다.

최진만 씀

새벽을 여는 발자국

초판인쇄 2018년 07월 20일

지은이 최진만
주소 부산광역시 북구 금곡대로 430번지 시창작실
이메일 kmiak@hanmail.net

발행인 김영찬(金永燦)
디자인 월간문학 한국인 디자인팀

발행처 도서출판 한국인
등록번호 제2014-000004호
주소 부산광역시 동구 중앙대로 308번길 7-3
전화 (051)929-7131, 010-3593-7131
팩스 (051)917-7131
홈페이지 http://www.mkorean.com
이메일 sahachan@naver.com
가격 12,000원
ISBN 978-89-94001-07-4 (03810)
CIP제어번호 CIP 2018020147
이 도서의 국립중앙도서관 출판예정도서목록(CIP)은 서지정보유통지원시스템 홈페이지(http://seoji.nl.go.kr)와 국가자료공동목록시스템(http://www.nl.go.kr/kolisnet)에서 이용하실 수 있습니다.

ⓒ 최진만 2018, Printed in Korea.
이 책은 저작권법에 따라 보호 받는 저작물이므로 무단전재와 무단복제를 금지하며, 이 책 내용의 전부 또는 일부를 이용하려면 반드시 저작권자인 저자와 도서출판 한국인의 서면 동의를 받아야 합니다.
파본이나 잘못된 책은 구입처에서 교환해 드립니다.

본 도서는 2018년 부산문화재단 지역문화예술육성지원사업의 일부 지원으로 시행됩니다.